班组安全行丛书

个人防护知识

谢振华　主编

中国劳动社会保障出版社

图书在版编目(CIP)数据

个人防护知识/谢振华主编. —北京：中国劳动社会保障出版社，2008

班组安全行丛书

ISBN 978-7-5045-7058-1

Ⅰ. 个… Ⅱ. 谢… Ⅲ. 生产小组-工业企业管理：安全管理 Ⅳ. F406.6

中国版本图书馆 CIP 数据核字(2008)第 047917 号

中国劳动社会保障出版社出版发行

（北京市惠新东街 1 号 邮政编码：100029）

出 版 人：张梦欣

*

北京隆昌伟业印刷有限公司印刷装订 新华书店经销

880 毫米×1230 毫米 32 开本 4.75 印张 107 千字

2008 年 5 月第 1 版 2014 年 6 月第 7 次印刷

定价：15.00 元

读者服务部电话：010－64929211/64921644/84643933

发行部电话：010－64961894

出版社网址：http://www.class.com.cn

内容简介

本书为《班组安全行丛书》中的一本，主要讲述企业作业人员使用劳动防护用品的相关知识。本书内容包括防护用品基本概念、防护用品管理规定、头部防护用品的使用、呼吸防护用品的使用、眼面部防护用品的使用、防护服的使用、鞋类防护用品的使用、防坠落用品的使用以及其他防护用品的使用等。

本书叙述简明扼要，内容通俗易懂，并配有一些事故案例，可作为班组安全生产教育培训的教材，也可供从事安全生产工作的有关人员参考、使用。

本书由谢振华主编，杨明为副主编，耿振、韩文书、徐昊参与编写。

前言

班组是企业最基本的生产组织，也是企业完成各项工作的基础，始终处于安全生产的第一线。班组的安全管理和教育，对于保证企业正常生产秩序，提高企业效益，促进企业安全健康、可持续发展具有重要意义。据统计，在当前企业的伤亡事故中，绝大多数属于责任事故，而这些责任事故 90％以上又发生在班组。因此可以说，班组平安则企业平安；班组不安则企业难安。由此可见，班组的安全生产教育直接关系到企业整体的生产状况乃至企业发展的安危。

为适应各类企业班组安全生产教育培训的需要，中国劳动社会保障出版社特组织编写了这套“班组安全行丛书”。

本套丛书有以下主要特点：一是具有权威性。本套丛书的作者均为全国各行业长期从事安全生产、劳动保护工作的专业人员。二是针对性强。“班组安全行丛书”在介绍安全生产基础知识的同时，以作业方向为模块进行分类，并采用问答形式编写，每分册只讲与本作业方向相关的知识，因而内容更加具体，更有针对性，班组在不同时期可以选择不同作业方向的分册进行学习，或者，在同一时期选择不同分册进行组合形成一套适合本作业班组使用的学习教材。

本套丛书有：《安全生产基础知识》《职业卫生知识》《应急救护知识》《个人防护知识》《劳动权益与工伤保险知识》《消防安全知识》《电气安全知识》《焊接安全知识》《机加工安全知识》《钳工安全知

识》《起重安全知识》《企业内机动车辆安全知识》《锅炉压力容器作业安全知识》，共计 13 分册。

这套丛书按作业内容编写，面向基层，面向大众，注重实用性，联系实际紧密，通俗易懂，图文并茂，可作为企业班组安全教育的教材，也可供企业安全管理人员学习参考。

目录

第1章 防护用品基本概念

1.1 防护用品及其作用

1. 什么是劳动防护用品？

劳动防护用品是指由生产经营单位为从业人员配备的，使其在劳动过程中免遭或者减轻事故伤害及职业危害的个人防护装备，分特种劳动防护用品和一般劳动防护用品。

◎事故案例

劳动防护用品在劳动者的个人防护中占据着非常重要的地位。但现实中因忽视劳动防护用品的穿戴而造成的伤亡事故却屡有发生。

（1）2002 年 2 月 21 日，某化工厂检修人员在抢修氯压机时，发生少量氯气泄漏，但当时刮着风，检修人员逆着风在抢修，因此就闻不到氯气，他们想尽快干完，所以都没戴防毒口罩。可是，当他们检修完毕，4 个人抬着电机正准备安装时，一阵乱风吹来，刺鼻的氯气顿时把 4 人呛得面色苍白，四肢无力，差点休克，只得集体去医院吸氧。

（2）2002 年 3 月 20 日，某化工厂浓硫酸泵出故障，须立即组织人员进行抢修，雨衣、防毒口罩、水鞋、防酸手套、安全帽等都戴了，可偏偏忘了戴一副防酸眼镜。开始，抢修工作进展顺利，但没想到要收工、试车时，一检修工上前去查看，一股刺鼻而又强烈的浓硫酸成水柱样喷了出来，霎时，这位检修工整个脸部、身上都溅满了硫酸，双眼因没戴防酸眼镜而被严重灼伤。

(3) 1997 年 4 月，广西电力有限公司所属某电厂发生了一起一名职工带电误操作，由于身穿化纤工作服，被电弧击中造成全身大面积烧伤的重伤事故。不仅该职工留下了终生残疾，同时给企业造成直接经济损失 20 多万元。

教训惨痛，我们应该牢记的是：劳动防护用品千万不能忽视，它是我们的保护伞、安全阀。

2. 劳动防护用品的作用是什么？

劳动防护用品的作用，是使用一定的屏蔽体或系带、浮体，采取隔离、封闭、吸收、分散、悬浮等手段，保护机体或全身免受外界危害因素的侵害。防护用品供劳动者个人随身使用，是保护劳动者不受职业危害的最后一道防线。当劳动安全卫生技术措施尚不能消除生产劳动过程中的危险及有害因素，达不到国家标准、行业标准及有关规定，也暂时无法进行技术改造时，使用防护用品就成为既能完成生产劳动任务，又能保障劳动者安全与健康的唯一手段。防护用品的主要作用是：

(1) 隔离和屏蔽作用。隔离和屏蔽作用是指使用一定的隔离或屏蔽体使机体免受有害因素的侵害。如劳动防护用品能很好地隔绝外界的某些刺激，避免皮肤发生皮炎等病态反应。

(2) 过滤和吸附（收）作用。过滤和吸附（收）作用是指借助防护用品中某些聚合物本身的活性基因对毒物的吸附作用，洗涤空气，如活性炭等多孔物质吸附进行排毒。

3. 劳动防护用品的基本要求是什么？

劳动防护用品的优劣直接关系职工的安全健康，必须经劳动保护用品质量监督检查机构检验合格，并核发生产许可证和产品合格证，其基本要求是：

（1）必须严格保证质量，具有足够的防护性能，安全可靠。

（2）防护用品所选用的材料必须符合人体生理要求，不能成为危害因素的来源。

（3）防护用品要使用方便，不影响正常工作。

4. 劳动防护用品的特点有哪些？

劳动防护用品是保护劳动者安全与健康所采取的必不可少的辅助措施，是劳动者防止职业毒害和伤害的最后一项有效措施。同时，它又与劳动者的福利待遇以及防护产品质量、产品卫生和生活卫生需要的非防护性的工作用品有着原则性的区别。具体来说，劳动防护用品具有以下几个特点：

（1）特殊性。劳动防护用品，不同于一般的商品，是保障劳动者的安全与健康的特殊用品，企业必须按照国家和省、市劳动防护用品有关标准进行选择和发放。尤其是特种防护用品因其具有特殊的防护功能，国家在生产、使用、购买等环节中都有严格的要求。如国家安全生产监督管理总局第1号令《劳动防护用品监督管理规定》中要求特种劳动防护用品必须由取得特种劳动防护用品安全标志的专业厂家生产，生产经营单位不得采购和使用无安全标志的特种劳动防护用品；购买的特种劳动防护用品须经本单位的安全生产技术部门或者管理人员检查验收等。

(2) 适用性。劳动防护用品的适用性既包括防护用品选择使用的适用性，也包括使用的适用性。选择使用的适用性是指必须根据不同的工种和作业环境以及使用者的自身特点等选用合适的防护用品。如耳塞和防噪声帽（有大小型号之分），如果选择的型号太小，就不会很好地起到防护噪声的作用。使用的适用性是指防护用品需在进入工作岗位时使用，这不仅要求产品的防护性能可靠、确保使用者的安全，而且还要求产品适用性能好、方便、灵活，使用者乐于使用。因此，结构较复杂的防护用品，需经过一定时间试用，对其适用性及推广应用价值做出科学评价后才能投产销售。生产厂家要注意这一点。

(3) 时效性。防护用品均有一定的使用寿命。如橡胶类、塑料等制品，长时间受紫外线及冷热温度影响会逐渐老化而易折断。有些护目镜和面罩，受光线照射和擦拭，或者受空气中的酸、碱蒸气的腐蚀，镜片的透光率逐渐下降而失去使用价值；绝缘鞋（靴）、防静电鞋和导电鞋等的电气性能，随着鞋底的磨损，将会改变电性能；一些防护用品的零件长期使用会磨损，影响力学性能。有些防护用品的保存条件也会影响其使用寿命，如温度及湿度等。

1.2　防护用品的分类及选用

5. 防护用品的分类有哪些?

(1) 按照用途以及防护部位，劳动防护用品可以分成以下种类：

1) 以防止伤亡事故为目的的防护用品，包括：

防坠落用品，如安全带、安全网等；

防冲击用品，如安全帽、防冲击护目镜等；

防触电用品，如绝缘服、绝缘鞋、等电位工作服等；

防机械外伤用品，如防刺、割、绞碾、磨损用的防护服、鞋、手套等；

防酸碱用品，如耐酸碱手套、防护服和靴等；

耐油用品，如耐油防护服、鞋和靴等；

防水用品，如胶制工作服、雨衣、雨鞋和雨靴、防水保险手套等；

防寒用品，如防寒服、鞋、帽、手套等。

2) 以预防职业病为目的的防护用品，包括：

防尘用品，如防尘口罩、防尘服等；

防毒用品，如防毒面具、防毒服等；

防放射性用品，如防放射性服、铅玻璃眼镜等；

防热辐射用品，如隔热防护服、防辐射隔热面罩、电焊手套、有机防护眼镜等；

防噪声用品，如耳塞、耳罩、耳帽等。

3）以人体防护部位分类，包括：

头部防护用品，如防护帽、安全帽、防寒帽、防昆虫帽等；

呼吸器官防护用品，如防尘口罩（面罩）、防毒口罩（面罩）等；

眼面部防护用品，如焊接护目镜、炉窑护目镜、防冲击护目镜等；

手部防护用品，如一般防护手套、各种特殊防护（防水、防寒、防高温、防振）手套、绝缘手套等；

足部防护用品，如防尘、防水、防油、防滑、防高温、防酸碱、防振鞋（靴）及电绝缘鞋（靴）等；

躯干防护用品，通常称为防护服，如一般防护服、防水服、防寒服、防油服、防电磁辐射服、隔热服、防酸碱服等。

（2）劳动防护用品还可以分为特种劳动防护用品与一般劳动防护用品。特种劳动防护用品是指使劳动者在劳动过程中预防或减轻严重伤害和职业危害的劳动防护用品，一般劳动防护用品是指除特种劳动防护用品以外的护品。

特种劳动防护用品包含以下品种：

1）头部护具类：安全帽。

2）呼吸护具类：防尘口罩、过滤式防毒面具、自给式空气呼吸器、长管面具。

3）眼（面）护具类：焊接眼面护具、防冲击眼护具。

4）防护服类：阻燃防护服、防酸工作服、防静电工作服。

5）防护鞋类：保护足趾安全鞋、防静电鞋、导电鞋、防刺穿鞋、胶面防砸安全鞋、电绝缘鞋、耐酸碱皮鞋、耐酸碱皮胶靴、耐酸碱塑料压靴。

6）防坠落护具类：安全带、安全网、密目式安全立网。

6. 使用劳动防护用品要注意什么？

在工作场所必须按照要求佩戴和使用劳动防护用品。劳动防护用品是根据生产工作的实际需要发给个人的，每个职工在生产工作中都要好好地应用，以达到预防事故、保障个人安全的目的。使用劳动防护用品要注意的问题有：

（1）选择防护用品应针对防护目的，正确选择符合要求的用品，绝不能错选或将就使用，以免发生事故。

（2）对使用防护用品的人员应进行教育和培训，使其能充分了解使用目的和意义，并正确使用。对于结构和使用方法较为复杂的用品，如呼吸防护器，应进行反复训练，使人员能熟练使用。用于紧急救灾的呼吸器，要定期严格检验，并妥善存放在可能发生事故的地点附近，方便取用。

（3）要妥善维护保养防护用品，不但能延长其使用期限，更重要的是要保证用品的防护效果。耳塞、口罩、面罩等用后应用肥皂、清水洗净，并用药液消毒、晾干。过滤式呼吸防护器的滤料要定期更换，以防失效。防止皮肤污染的工作服用后应集中清洗。

（4）防护用品应有专人管理，负责维护保养，保证劳动防护用品充分发挥其作用。

7. 如何根据工作场所的有害因素选用劳动防护用品？

（1）粉尘有害因素。在《工作场所有害因素职业接触限值》GBZ 2—2002 中规定有 47 种粉尘，这些粉尘都是对人体健康有损害的，工作场所环境空气中粉尘超过限值，应采用防颗粒物的呼吸器，其中自吸过滤式防颗粒物呼吸器产品应符合 GB 2626—2006 标准要求

(2006年12月1日实施)。送风过滤式产品应符合LD 6—1991电动送风过滤式防尘呼吸器通用技术条件等标准。

(2) 化学性有害因素。在《工作场所有害因素职业接触限值》GBZ 2—2002中规定有毒物质有329种，凡是作业场所超过限值，除采取防毒工程技术措施外，还应提供个人防护用品。这些防毒呼吸用品，应符合GB 2890—1995过滤式防毒面具通用技术条件、GB 8159矿用一氧化碳自救器等要求；供气式防毒用品应符合GB 17556自给式压缩空气呼吸器标准要求。

(3) 物理有害因素。工作场所物理有害因素包括电离辐射暴露限值、高温作业分级、激光、局部振动、煤矿井下采掘作业地点气象条件，体力劳动强度分级标准，体力作业时心率和能量消耗的生理限值及紫外辐射、红外辐射、噪声级限值等在GBZ 1—2002《工业企业设计卫生标准》和GBZ 2—2002中都有规定。针对不同的有害因素，可选用相应的防护用品，如防紫外红外辐射伤害的护目镜和面具、焊接护目镜产品应符合GB/T 3609.1—1994焊接眼面防护具的要求，高温辐射场所选用阻燃防护服应符合GB 8965—1998的要求。

有静电和电危害的作业场所应选用防静电工作服和防静电鞋，产品应符合GB 12014—1989要求和GB 4385—1995要求；防止电危害应选用带电作用屏蔽服或高压静电防护服以及电绝缘鞋（靴）、电绝缘手套等防护用品，其产品应符合GB 6568.1—2000、GB 18146—2000、GB 12011—2000和GB 17622—1998等标准要求。

有机械、打击、切割伤害的作业场所，应选用安全帽、安全鞋和防护手套、护目镜等防护用品，并符合国家标准要求。

(4) 生物性有害因素。如接触皮毛、动物引起的炭疽杆菌感染、布氏杆菌感染、森林采伐引起的脑炎病菌感染，医护人员接触患者引起细菌、病毒性感染。在这些场所选用呼吸防护品时，产品应符合 GB 19083—2003 医用防护口罩技术要求；选用防护服产品应符合 GB 19082—2003 医用一次性防护服技术要求。

8. 如何根据作业类别选用劳动防护用品？

在 GB/T 11651《劳动防护用品选用规则》中对 38 种作业规定了如何选用防护用品，例如高处作业（如建筑安装架线、高崖作业旁悬吊、涂装货物堆垒）应选用安全帽、安全带和防滑工作鞋，存在物体坠落、撞击的作业（如建筑安装、冶金、采矿、钻探、造船、起重、森林采伐）应选用安全帽和安全鞋。

9. 如何根据有害物对人体作用部位选用劳动防护用品？

如果有害物会伤害头部、耳、眼面、呼吸、手臂、身体、皮肤、足部等部位，应根据不同部位选用相对应的防护用品。

10. 如何根据人体尺寸选用劳动防护用品？

个人使用的防护用品只有与个人尺寸相匹配才能发挥最好的防护功能，因此，在选用个人防护用品时应有不同型号供使用者选用。

◎相关知识

劳动防护用品不是可有可无的物品，它是保障从业人员安全和健康的最后一道防线，用人单位应遵循国家法规，为从业人员配发劳动防护用品，选用有工业生产许可证和安全标志的产品，选用符合国家标准或行业标准要求的产品。

11. 防护用品的使用期限如何确定？

劳动防护用品的使用期限与作业场所环境，劳动防护用品使用频率，劳动防护用品自身性质等多方面因素有关。如某省根据作业环境，对厂矿企业使用安全帽的使用期限规定为：冶金轧钢厂中的板坯作业36个月；冷水作业48个月；煤炭作业、土建作业24个月；地质勘探作业的安装工、钻探工、采样工为12个月。一般来说，使用期限应考虑以下三个原则：

（1）腐蚀程度。根据不同作业对劳动防护用品的磨损可划分为重腐蚀作业、中腐蚀作业和轻腐蚀作业。腐蚀程度反映作业环境和工种使用状况。

（2）损耗情况。根据防护功能降低的程度可分为易受损耗、中等受损耗和强制性报废。受损耗情况反映防护用品防护性能情况。

（3）耐用性能。根据使用周期可分为耐用，中等耐用和不耐用。耐用性能反映劳动防护用品材质状况，如用耐高温阻燃纤维织物制成的阻燃防护服，要比用阻燃剂处理的阻燃织物制成的阻燃防护服耐用。耐用性能反映防护用品的综合质量。

防护用品的一般要求使用期限参见表1—1。

表1—1　　防护用品一般要求使用期限

受损情况	腐蚀程度	耐用性能	使用期限（月）
易受损耗	重腐蚀	中等耐用	0.5～3
	中腐蚀	耐用	
	轻腐蚀	不耐用	
中等受损耗	重腐蚀	耐用	18～24
	中腐蚀	耐用	24～36
	轻腐蚀	耐用	36～48
	重腐蚀	中等耐用	12～18
	中腐蚀	中等耐用	18～24
	轻腐蚀	中等耐用	24～36

续表

受损情况	腐蚀程度	耐用性能	使用期限（月）
中等受损耗	重腐蚀	不耐用	6～9
	中腐蚀	不耐用	9～12
	轻腐蚀	不耐用	12～24
强制性报废	重腐蚀	耐用	24～36
	中腐蚀	耐用	36～48
	轻腐蚀	耐用	48～60
	重腐蚀	中等耐用	18～24
	中腐蚀	中等耐用	24～36
	轻腐蚀	中等耐用	36～48
	重腐蚀	不耐用	12～18
	中腐蚀	不耐用	18～24
	轻腐蚀	不耐用	24～36

12. 什么条件下的防护用品应当报废？

当符合下述条件之一时，防护用品应予以报废，不得继续作为个人防护用品使用：

（1）不符合国家标准、行业标准或地方标准。

（2）未达到省级以上安全生产监督管理机构根据有关标准和规程所规定的功能指标。

（3）在使用或保管贮存期内遭到损坏或超过有效使用期，经检验未达到原规定的有效防护功能最低指标。

◎相关知识

劳动防护用品因损伤、经测试防护功能失效或超过有效期时，应及时从作业现场清理出来，并由专人监督销毁。对销毁的劳动防护用品的品种、数量、来源、销毁原因等情况要进行详细记录，经办人员和监督人员签字后存档。严禁失效的劳动防护用品外流，避免因误用而引发事故。

第2章 防护用品管理规定

2.1 防护用品的配备

13. 我国有关防护用品的法规对用人单位的法律规定有哪些?

劳动防护用品经营、发放、管理是一项政策性较强的工作，国家安全生产监督管理总局第 1 号令《劳动防护用品监督管理规定》对用人单位购买、发放及使用劳动防护用品作出了明确的规定，用人单位必须按照国家标准购买和发放劳动防护用品。其要求如下：

(1) 用人单位应根据工作场所中的职业危害因素及其危害程度，按照法律、法规、标准的规定，为从业人员免费提供符合国家规定的防护用品。不得以货币或其他物品替代应当配备

的防护用品。

(2) 用人单位应到定点经营单位或生产企业购买特种劳动防护用品。防护用品必须具有"三证",即生产许可证、产品合格证和安全标志证。购买的防护用品须经本单位安全管理部门验收,并应按照防护用品的使用要求,在使用前对防护功能进行必要的检查。

(3) 用人单位应教育从业人员,按照防护用品的使用规则和防护要求正确使用防护用品。使职工做到"三会":会检查防护用品的可靠性;会正确使用防护用品;会正确维护保养防护用品,并进行监督检查。

(4) 用人单位应按照产品说明书的要求,及时更换、报废过期和失效的防护用品。

(5) 用人单位应建立健全防护用品的购买、验收、保管、发放、使用、更换、报废等管理制度和使用档案,并切实贯彻执行和进行必要的监督检查。

◎事故案例

龙某是某建筑工程公司第七建筑队招用的农民工,公司与其签订了两年的劳动合同,合同期为当年9月3日至第二年9月5日。龙某在建筑队从事沥青熬炒劳动。龙某工作2个多月后,看到同组的其他几名工人领取工作服及眼镜等用品,便去找有关部门。有关部门告知,因龙某是农民工,属临时招用,厂里规定不发工作服和其他用品,且劳动合同中也规定工作服由自己解决。龙某为此找到建筑队领导,得到的是同样的答复,于是在第一年12月19日,龙某向当地劳动争议仲裁委员会提出申诉,要求该公司发放个人劳动保护用品。仲裁委员会受理此案后,经调查龙某所诉情况属实,经调解,该公司同意为龙某发放工作服、防护眼镜、手套等个人防护用品,龙某撤诉。

本案中，用人单位违法事实是明显的，其不向职工发放个人劳动防护用品的理由是不能成立的。早在 1956 年 1 月 26 日经国务院批准，原劳动部发布的《防止沥青中毒的办法》第 14 条就明确规定，对从事装卸、搬运、使用沥青及含有沥青制品工作的工人，应由其隶属的行政方面供给防护用品：①坚实的棉布或麻布的工作服，其式样应适合于防止沥青粉尘的侵入；②带有披肩的头盔（供装卸工人使用）；③防护眼镜；④帆布手套及帆布鞋盖（常穿草鞋的地区应加发布鞋）；⑤防护口罩（沥青熬炒工人应有过滤式呼吸器）。

14. 劳动防护用品使用者的权利有哪些？

劳动防护用品使用者的权利如下：

（1）我国法定职业病人为 10 大类 115 种。凡从事有粉尘、有害气体、噪声等有害作业者、劳动者有定期检查身体的权利。

1）知情权。劳动者在订立劳动合同时，有了解所在工作场所的职业危害因素和防护设施情况的权利及对健康检查结果知情的权利。

2）培训权。劳动者享有接受职业安全卫生教育、培训的权利。

3）获得保护权。

4）紧急避险权。

5）请求建议权。

6）检举、控告权。劳动者享有对用人单位违反安全法、职业病防治法律、法规，侵害劳动者健康权益的行为进行检举和控告的权利。

7）依法拒绝作业权。有权拒绝在没有卫生防护条件下从事职业危害作业，有权拒绝违章指挥和强令的冒险作业。

8）要求赔偿权。因职业危害造成健康损害依法享有要求赔偿的权利。

9）参与决策权。劳动者享有参与用人单位职业安全卫生的民主管理、民主监督的权利。

10）特殊保障权。工伤及职业病应享受的工伤保险待遇，未成年人、女职工、有职业禁忌的劳动者享有特殊的职业卫生保护权利。

（2）劳动者享有“要求用人单位提供符合职业病要求的职业病防护设施和个人使用的职业病防护用品，改善工作条件”的权利。

（3）劳动者享有“要求用人单位提供符合防治职业病要求的职业中毒危害防护设施和个人使用的职业中毒危害防护用品，改善工作条件”的职业卫生保护权利。

◎事故案例

刘某于1994年6月被一家木材加工厂招收为电锯工，与该厂签订了5年劳动合同，合同约定试用期6个月。劳动时，刘某看到同班组的老职工都戴着防护眼镜和手套，于是要求厂方为自己配备眼镜和手套，但厂方以刘某还在试用期，不是正式职工为由拒绝发给。为此，刘某向当地劳动争议仲裁委员会提出申诉。仲裁委员会受理此案后，经调查刘某所诉情况属实。仲裁委员会指出企业的做法不对，应予纠正。木材厂接受了仲裁委员会的调解意见，表示按规定发给刘某个人劳动防护用品。

专家评析：这是一起因企业在生产劳动过程中不按规定发给职工个人劳动防护用品而引发的劳动争议案件。该木材厂以职工刘某还在试用期、不是正式职工为由不发给劳动防护用品是错误的，是没有法律依据的，侵犯了劳动者获得劳动安全卫生保护的权利。

15. 劳动防护用品使用者的义务有哪些？

（1）劳动者有遵守法律法规各项规章制度的义务：应当正确使

用、维护防护设备和个人防护用品；接受教育培训义务。

从业人员在从业过程中，应当严格遵守本单位的安全生产规章制度和操作规程，服从管理，正确佩戴和使用劳动防护用品。

（2）与此同时，劳动者在职业活动中应履行以下义务：

1）严格遵守安全卫生法规及有关规章制度和操作规程，认真坚持正确选用、维护安全防护设备和个体防护装备。

2）虚心接受职业安全卫生教育和培训，自觉学习，熟练掌握有关安全卫生知识、技能及应急处理能力。

3）发现安全卫生及事故隐患时应立即报告。

2.2　防护用品的使用和管理

16. 如何正确使用劳动防护用品？

劳动防护用品的使用首先应严格按照生产企业提供的使用说明书执行，这是因为在使用说明书中提出的要求是生产企业结合其生产的劳动防护用品的特性、构造特点所提出的，是最有针对性的。另外，在各相关的技术标准和有关的管理文件中都对各类劳动防护用品提出了一些通用的基本且重要的使用要求。例如，塑料安全帽的使用期从产品制造完成之日计算不超过两年半，对到期安全帽，必须经抽查检验合格后方可继续使用；防尘口罩不能用于含有烟气以及含氧量低于18％的环境；防静电工作服穿用时，必须与防静电鞋配套使用，禁止在易燃易爆场所穿脱防静电工作服等，了解和掌握这些要求将非常有用。

17. 对从业人员佩戴防护用品的规定是什么?

国家安全生产监督管理总局颁布的《劳动防护用品管理规定》第19条规定从业人员在作业过程中，必须按照安全生产规章制度和劳动防护用品使用规则，正确佩戴和使用劳动防护用品；未按规定佩戴和使用劳动防护用品的，不得上岗作业。工会对生产经营单位劳动防护用品管理的违法行为有权要求纠正，并对纠正情况进行监督。

◎相关知识

从业人员在劳动生产过程中应履行按规定佩戴和使用劳动防护用品的义务。

按照法律、法规的规定，为保障人身安全，用人单位必须为从业人员提供必要的、安全的劳动防护用品，以避免或者减轻作业中的人身伤害。但在实践中，由于一些从业人员缺乏安全知识，心存侥幸或嫌麻烦，往往不按规定佩戴和使用劳动防护用品，由此引发的人身伤害事故时有发生。另外，有的从业人员由于不会或者没有正确使用劳动防护用品，同样也难以避免受到人身伤害。因此，正确佩戴和使用劳动防护用品是从业人员必须履行的法定义务，这是保障从业人员人身安全和生产经营单位安全生产的需要。

18. 特种劳动防护用品如何管理?

国家安全生产监督管理总局颁布的《劳动防护用品管理规定》第6条中指出特种劳动防护用品实行安全标志管理。特种劳动防护用品安全标志管理工作由国家安全生产监督管理总局指定的特种劳动防护用品安全标志管理机构实施，受指定的特种劳动防护用品安全标志管理机构对其核发的安全标志负责。

生产劳动防护用品的企业生产的特种劳动防护用品，必须取得特种劳动防护用品安全标志。安全生产监督管理部门、煤矿安全监察机构依法对劳动防护用品使用情况和特种劳动防护用品安全标志进行监督检查，督促生产经营单位按照国家有关规定为从业人员配备符合国家标准或者行业标准的劳动防护用品。

19. 特种劳动防护用品安全标志的含义是什么？

特种劳动防护用品安全标志是确认特种劳动防护用品安全防护性能符合国家标准、行业标准，准许生产经营单位配发和使用该劳动防护用品的凭证。特种劳动防护用品安全标志由特种劳动防护用品安全标志证书和特种劳动防护用品安全标志标识两部分组成。特种劳动防护用品安全标志证书由国家安全监管总局监制，加盖特种劳动防护用品安全标志管理中心印章。特种劳动防护用品安全标志标识由图形和特种劳动防护用品安全标志编号构成如图 2—1 所示。取得特种劳动防护用品安全标志的产品应在产品的明显位置加施特种劳动防护用品安全标志标识，标识加施应牢固耐用。

图 2—1　特种劳动防护用品安全标志

20. 我国有关防护用品配备的罚款规定有哪些？

我国有关防护用品配备的罚款规定有如下几方面内容：

(1)《中华人民共和国职业病防治法》第 65 条规定，未提供职业病防护设施和个人使用的职业病防护用品，对职业病防护设备、应急救援设施和个人使用的职业病防护用品未按规定进行维护、检修，由卫生行政部门给予警告，责令限期改正，逾期不改的，处 5 万元以上 20 万元以下的罚款；情节严重的，责令停止产生职业危害的作业，或者提请有关人民政府按照国务院规定的权限责令关闭。

（2）《中华人民共和国安全生产法》第 38 条规定，生产经营单位"未为从业人员提供符合国家标准或行业标准的劳动防护用品的，责令限期改正；逾期未改正的，责令停止建设或者停业整顿，可以并处 5 万元以下的罚款；造成严重后果，构成犯罪的，依照刑法有关规定追究刑事责任"。未向从事使用有毒物品作业的劳动者提供符合国家职业卫生标准的防护用品，或者未保证劳动者正确使用的，依法追究刑事责任。

（3）《使用有毒物品作业场所劳动保护条例》（中华人民共和国国务院令第 352 号）第 59 条规定。

第3章 头部防护用品的使用

3.1 头部防护用品的基本概念

21. 劳动过程中头部伤害因素有哪些?

按照国家《企业职工伤亡事故调查分析规则》(GB 6442—1986)中的事故划分，在劳动过程中，引起头部伤害的因素主要有物体打击、高处坠落、机械伤害、污染毛发等。

(1) 物体打击。物体从高处加速度坠落，如工具、电缆、金属材料等；其次是由侧旁溅落物的抛物势能或离心力所引起，如发生在正在运转的机器、料场；侧旁溅落物有滚石、金属材料、工具、废金属屑块等。各种落物造成的伤害有击伤、砸伤等，是由远距离的外力而来，它不同于钩、挂、磨、刺等固定场所发生的机械外伤，其特点是远距离外力具有较大的冲击力，尤其是由上而下的加速度冲击力更大，而且发生的时间短暂，不固定，一般是突然而来的，难以预料。

落物冲击首当是头部，头在人体最上部位，是神经中枢所在，头盖骨最薄处仅有2毫米左右，头部一旦受外力冲击，可引起脑震荡、脑出血、脑膜挫伤、颅底骨折、机能障碍等伤害，影响思维和活动功能，甚至立即死亡。落物砸伤腿脚，也是常见的工伤事故，如发生胫骨、趾骨、跖骨外伤骨折或碎裂。眼睛部位容易被金属切削的碎屑、碎块或石碴击伤，轻者发生角膜异物伤和视物障碍，重者可致盲。

有落物冲击的危险作业，遍及矿山、工厂、供电、建筑工地以及森林采伐、交通运输等部门，国家规定有关的工种必须使用防冲击用品。

（2）高处坠落。这种事故多发生在建筑、矿山、冶金、采矿、石油勘探、隧道等行业场所，在伤亡事故统计分析中，由于坠落物而头部损伤致死者占38.9%。

坠落物对人体的伤害主要是由加速度冲击力引起，这类事故的特点是突发性强，不易躲闪，同时作用时间短，冲击力大，尤其是由上而下的坠落物，冲击过程只发生在一瞬间。冲击事故一旦发生，受伤部位概率最大的首先是头部。因为在这些行业生产劳动中，意外的坠落物伤及人体的事故时有发生。所以，必须加强头部的防护。

（3）机械伤害。在生产中，如旋转的机床、叶轮、皮带运输设备，若作业人员不慎将毛发卷入其中，则可造成严重的毛发和头皮撕脱伤害，甚至将人带入机器中危及生命。

（4）污染毛发（头皮）。在生产劳动过程中作业人员接触化学毒物、腐蚀性物质、发射性物质、生物性物质等均可污染毛发（头皮），对人体造成中毒伤害。

22. 头部防护用品的分类有哪些？

根据防护作用可将头部防护用品分为三类：安全帽、防护头罩及一般工作帽。

(1) 安全帽。又称安全头盔，是防御冲击、刺穿、挤压等伤害头部的帽子。

(2) 防护头罩。是使头部免受火焰、腐蚀性烟雾、粉尘以及恶劣气候条件伤害头部的个人防护装备。

(3) 工作帽。能防头部脏污和擦伤、长发被绞碾等伤害的普通帽子。

23. 安全帽的结构是什么？

安全帽由帽壳、帽衬、下颏带、后箍等部件组成，其主要组成部分为帽壳和帽衬。良好的帽壳、幅衬材料，适宜的帽型与合理的帽衬结构相配合就能起到阻挡外来冲击物和缓解、分散、吸收冲击力保护佩戴者的作用。

(1) 帽壳。帽壳多采用椭圆或半圆拱形结构，表面连续光滑，可使物体坠落到帽壳上后易滑脱，顶部一般设有加强筋，以提高抗冲击强度。冲击过程中允许帽壳产生少量变形，但不能触及头顶。帽壳外形不宜采用平顶形式，平顶不易使坠落物滑脱，冲击过程中顶部变形大，易产生触顶。

(2) 帽衬。帽衬是帽壳内部部件的总称，包括帽箍、顶带、护带、吸汗带、衬垫、下颏带及拴绳等。帽衬在冲击过程中起主要的缓冲作用。帽衬材料的好坏，结构的合理性与协调程度直接影响安全帽的冲击吸收性能。安全帽的材料和结构如图 3—1 所示。

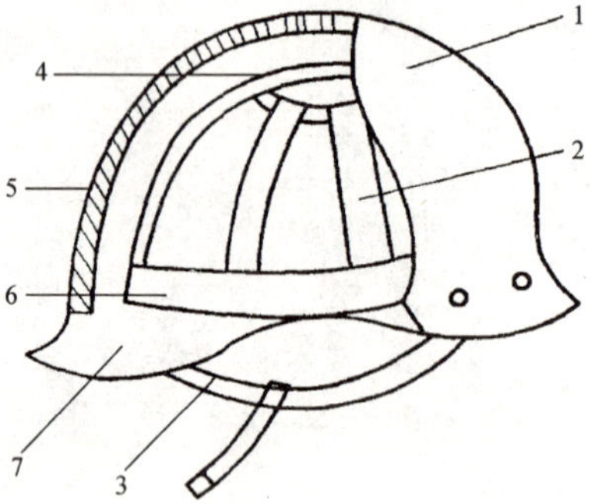

图 3—1　安全帽结构示意图

1—帽体　2—帽衬分散条　3—系带　4—帽衬顶带

5—吸收冲击内衬　6—帽衬环形带　7—帽檐

24. 安全帽的分类有哪些?

安全帽可按照材料、外形和作业场所进行分类：

（1）按材料分类，可分为工程塑料、橡胶料、纸胶料、植物料等安全帽。

（2）按外形分类，可分为无檐、小檐、卷边、中檐、大檐安全帽等。

（3）按作业场所分类，可分为一般作业和特殊作业安全帽。

25. 常见的安全帽以及它们的适用范围有哪些?

（1）玻璃钢安全帽。这种安全帽以玻璃丝或化纤纤维与不饱和聚酯树脂为原料，采用手工糊制，再加温固化或模压成形制成。它具有良好的耐高温、低温、电绝缘、耐腐蚀及阻燃性能。主要应用于冶金高温场所、油田钻井、森林采伐、供电线路、高层建筑施工以及寒冷地区施工。

（2）塑料安全帽。这种安全帽用的塑料有聚碳酸酯、ABS、超高分子聚乙烯、改性聚丙烯等。这些材料均属热塑性工程塑料，具有良好的抗冲击、耐高温、电绝缘等性能。与玻璃钢安全帽相比，塑料安全帽成本较低，因此广泛应用于各种行业。

ABS 塑料安全帽主要适用于采矿、机械工业等冲击强度较高的室内常温作业，不能接触明火，不适宜长期在低温露天作业中使用。

超高分子聚乙烯塑料安全帽适用范围较广，冶金、石油、化工、矿山、建筑、机械、电力、交通运输、地址、林业等冲击强度较低的室内外作业均可应用。

（3）胶布矿工帽。胶布矿工帽用胶布糊胎，模压硫化成形，多为黑色椭圆形小檐加强筋式，也有外加白色涂料的。其最大特点就是抗静电性能好、耐用，主要用于煤矿、井下、涵洞、隧道作业等。

（4）防寒安全帽。这是在寒冷季节对头部起保暖和防御物体打击伤害的安全帽。它由帽面、帽里、衬壳及其他防寒构件（帽耳扇、帽小耳等）成。帽面采用皮革、人造革或其他织物制成。帽里充填桶花、腈纶棉等防寒材料。衬壳是用工程塑料或其他材料制成的半球形硬壳。防寒构件则由长毛绒或羊剪绒制成。防寒安全帽适用于寒冷地区冬季野外和露天作业人员使用。

（5）纸胶安全帽。帽壳采用造纸木浆，加添强力助剂模压加工而成。其防辐射性能好，耐高温、低温、抗老化性强，适用于建筑、矿山、油田、化工、运输、交通等行业。用于户外作业时，还可防太阳辐射、风沙和雨淋。

(6) 植物条编织的安全帽。植物条编织的安全帽在帽壳顶部粘加有钢板纸、塑料板或涂有一层玻璃钢，增加其强度，这类产品透气性好、质轻，但质量较差，基本不能作安全帽使用。刚性低于标准，变形很大，又都不耐燃烧。适于南方炎热地区而无明火作业场所使用。

26. 安全帽的防护作用是什么?

安全帽的防护作用在于：当作业人员头部受到坠落物的冲击时，利用安全帽帽壳、帽衬在瞬间先将冲击力分解到头盖骨的整个面积上，然后利用安全帽的各个部位（帽壳、帽衬）的结构、材料和缓冲结构（插口、拴绳、缝线、缓冲垫等）的弹性变形、塑性变形及允许的结构破坏将大部分冲击力吸收，使最后作用到人员头部的冲击力降低到 4 900 牛以下，从而起到保护作业人员的头部不受到伤害或降低伤害的作用。

◎事故案例

某工程，工人在井内作业，同时有建筑施工单位交叉作业。塔吊在运砖时，从吊篮中掉出一块方砖，恰掉入井内，砖的一砖角正击中井内作业人员的后脑部，当时没有发现，后来在检查施工作业情况时发现人员受伤。

原因分析：交叉作业，安全管理不到位。井口未设人监护，出事后，也未能及时发现。工人安全意识淡薄，由于正于夏季施工，天气炎热，施工工人未佩戴安全帽，未能有效防止伤害。

3.2　安全帽的使用与维护

27. 安全帽的选用原则有哪些?

(1) 在可能从高空中(或侧面)抛物或飞落物环境中工作的人员、高空作业者，以及需要进入这类现场的人员，都必须佩戴安全帽。

(2) 材料的选用。主要是考虑承受的机械强度和作业环境。如估计坠落物件质量较大时，应选用较高强度材料制成的安全帽，在冶炼作业场所宜选用耐高温玻璃钢的安全帽，在炎热地区建筑施工应选用通风散热较好的竹编安全帽，严寒地区户外作业宜选用防寒安全帽等。

(3) 式样的选用。大檐(舌)帽适用于露天作业，有兼防日晒和雨淋的作用；小檐帽适用于室内、隧道、涵洞、井巷、森林、脚手架上等活动范围小、容易出现帽檐碰撞的狭窄场所。

(4) 颜色的选用。应从安全心理学的角度来考虑。国际上较为通用的惯例，黄色加黑条纹是表示注意警戒的标志，红色是表示限制、禁止的标志，蓝色起显示作用等。一般对于普通工种使用的安全帽宜选用白、淡黄、淡绿等色；煤矿矿工宜选用明亮的颜色，甚至考虑在安全帽上加贴荧光色条或反光带，以便于在照明条件较差的工作场所容易发现并引起警觉；在森林采伐场地，红、橘红色的安全帽醒目，易于相互发现；易燃易爆工作场所，宜选用大红安全帽。有些企业采用不同颜色的安全帽，用于区分职别和工种，利于生产管理。

28. 如何正确佩戴安全帽？

（1）首先检查安全帽的外壳是否破损（如有破损，其分解和削弱外来冲击力的性能就已减弱或丧失，不可再用），有无合格帽衬（帽衬的作用是吸收和缓解冲击力，若无帽衬，则丧失了保护头部的功能），帽带是否完好。

（2）调整好帽衬顶端与帽壳内顶的间距（4～5 厘米），调整好帽箍。

（3）安全帽必须戴正。如果戴歪了，一旦受到打击，起不到减轻对头部冲击的作用。

（4）必须系紧下颌带，戴好安全帽。如果不系紧下颌带，一旦发生构件坠落打击事故，安全帽就容易掉下来，导致严重后果。

现场作业中，切记不得将安全帽脱下搁置一旁，或当坐垫使用。

◎事故案例

案例 1　正确佩戴安全帽防止受伤的案例

正确佩戴安全帽可以降低头部外伤发生率 70%。一次施工作业中有一个金属卡子从高高的电线杆上滑落砸向地面的一个电工，只听见“咣当”一声，卡子砸到电工头顶的安全帽上，弹了一下砸到地上。这时，电工摘下安全帽，看看地上被砸出的痕迹，又摸摸自己的脑袋，自语道：“要是没这顶安全帽，也许今天要向阎王爷报到了。”

案例 2　未正确佩戴安全帽导致受伤的案例

某年 11 月 5 日早班 13 时左右，某煤矿工人在某水平溜尾第四节处挖柱窝出煤时，由于该职工粗心大意，矿灯线被溜子挤断，灯头和安全帽被拉入溜子，一直到皮带机头，被其他职工发现，同时也被安监小分队队员发现。幸亏是刮板挤断灯线，倘若是挂着人走，后果不堪设想。

该职工粗心大意，没有正确佩戴安全帽、责任心不强是造成事故的直接原因。

29. 如何对安全帽进行维护？

安全帽的维护有以下要求：

（1）不能私自在安全帽上打孔，不要随意碰撞安全帽，不要将安全帽当板凳坐，以免影响其强度。

（2）安全帽不能放置在有酸、碱、高温、日晒、潮湿或化学试剂的场所，以免其老化、变质。

（3）对热塑料制的安全帽，虽可用清水冲洗，但不得用热水浸泡，更不能放入浴池内洗涤；也不能在暖气片、火炉上烘烤，以防止帽体变形。

◎相关知识

为降低劳动防护用品成本而更换帽衬，达到延长安全帽使用时间的做法是不能允许的。安全帽更换帽衬后，不能保证安全。

此外，安全帽只要受过一次强力的撞击，就无法再次有效吸收外力，有时尽管外表上看不到任何损伤，但是内部已经遭到损伤，不能继续使用。

30. 安全帽的使用注意事项有哪些？

安全帽在使用中应注意以下问题：

（1）在使用之前一定要检查安全帽上是否有裂纹、碰伤痕迹、凹凸不平、磨损（包括对帽衬的检查），安全帽上如存在影响其性能的明显缺陷就应及时报废，以免影响防护作用。

（2）不能随意在安全帽上拆卸或添加附件，以免影响其原有的防护性能。

（3）不能随意调节帽衬的尺寸。安全帽的内部尺寸如垂直间距、佩戴高度、水平间距，标准中是有严格规定的，这些尺寸直接影响安全帽的防护性能，使用者不可随意调节，否则，落物冲击一旦发生，安全帽会因佩戴不牢脱出或因冲击触顶而起不到防护作用，直接伤害佩戴者。

（4）使用时一定要将安全帽戴正、戴牢，不能晃动，要系紧下颏带，调节好后箍以防安全帽脱落。

（5）受过一次强冲击或做过试验的安全帽不能继续使用，应予以报废。

（6）应注意使用在有效期内的安全帽，塑料安全帽的有效期为两年半，植物枝条编织的安全帽有效期为两年，玻璃钢（包括维纶钢）和胶质安全帽的有效期为三年半。超过有效期的安全帽应报废。

◎事故案例

2007 年 4 月 6 日下午，一名头部受重伤的建筑工人，被紧急送到了浙江省第二人民医院急诊室，这名工人的头颅里插进了一根钢筋，深度达到 25 厘米到 30 厘米，送到医院时呼吸心跳已经开始出现衰竭，最后不治身亡。受伤工人是被从楼顶掉落的钢筋砸中头部的，但他当时按规定佩戴了安全帽，不应该造成这样严重的伤害。这顶被完全穿透的安全帽轻轻一砸就破裂，用手一拉就能撕开一道口子。经调查，这顶劣质安全帽，是用垃圾废料制造出来的。

这起事故虽然只是一种意外，但假如他所戴的安全帽安全的话，也许能保住一条性命。

3.3　其他头部防护用品的使用

31. 防护头罩的防护作用是什么？

防护头罩通常由头罩、面罩和披肩组成。为防御物体打击，头罩常与安全帽配合使用。防护头罩常用于水泥喷浆、油漆喷涂、清砂、清灰、水泥灌装、高温热辐射、养蜂等作业场所。

32. 工作帽的防护作用有哪些？

工作帽是用于防止头部脏污、擦伤、发辫受运转机器绞碾的软质帽。主要是对头部进行保护。防止一般性物理因素伤害或其他事故，起一定程度的安全作用。工作帽主要是对头部，特别是头发起到保护作用，故也称为护发帽。

工作帽对头发主要起两种防护作用，一是可以保护头发不受灰尘、油烟和其他环境因素的污染，二是可以避免头发被卷入转动着的传动带或滚轴里等。在有传动链，传动带或滚轴等的机器旁工作时，头发长的女工尤其要注意佩戴工作帽，已经出现了很多因为没有佩戴防护帽进行操作而因头发被卷入机器丧命的惨痛教训。另外，工作帽还可以起到防止异物进入颈部的作用。如炼钢工人和铸造工人佩戴的工作帽，帽体上有一个长的披肩，不但能够对头发起到防护作用，而且也可以防止钢花飞溅时落入颈部，使工人免遭烫伤。

工作帽一般要求帽体美观大方，佩戴舒适，凉爽轻巧。在不需要防尘的情况下，也可以用带孔的编织品制作，通风效果更好。长舌工作帽可以遮光也可以起安全示警作用，在帽体上设一个较长的帽舌，可以阻挡阳光对眼睛的直射，帽舌的另一个作用是在工人精力不集中、头部有与机器等相碰的危险时，帽舌可先于人的头部碰到运动中的物体，使人警觉起来。

33. 如何正确选用和佩戴工作帽？

工作帽一般用经久耐用的纤维织物制作，样式不宜过于复杂，要容易洗涤熨烫。工作帽的大小最好可以随意调节，以适合各种头型的人戴用。选用工作帽时，要根据自己的工作性质和实际需要进行选择。使用时一定要持之以恒，帽体一定要戴正，要把头发全部罩在帽中，以免头发露在外面而降低防护作用。

◎事故案例

2006年5月8日凌晨，重庆某印刷厂内，一长发女工在工作时头发不慎被机器的轮轴绞住，头部顺势被卷入机器内卡住，被卡女工的头部几乎完全卡入了轮轴和底部工作面之间，鲜血直流，生命垂危。消防队员动用各种先进器材，花了两个多小时时间终于救出了女工。

据现场的救援人员介绍，该女工因没戴工作帽违规操作才导致了事故。

34. 滤尘送风式防尘安全帽的质量技术要求有哪些?

《滤尘送风式防尘安全帽通用技术条件》（MT 160—1987）的质量技术要求如下。

（1）在温度 0～40℃、相对湿度不大于 95%条件下能正常工作。

（2）表面光滑，无飞边，阻尘率应大于 99%。

（3）连续工作时间 6 小时后，净化送风量不得低于 120 升/分钟。

（4）帽箍必须在 510～640 毫米范围内调节，防尘帽加于头部的质量不得大于 1.2 千克，面罩透光率不得低于 85%。

（5）总视野不得小于 75%，下方视野不得小于 40°，噪声不得大于 70 分贝。

35. 什么是 X 射线防护头盔?

在工业 X 射线探伤工作过程中，可能受到 X 射线的照射伤害，因此采取个人防护是必要的。防 X 射线头盔就是为保护头部和面部的用品，其帽壳用玻璃钢制成，面罩由有机铅玻璃制成。

第4章 呼吸防护用品的使用

4.1 呼吸防护用品的基础知识

36. 为什么要使用呼吸防护用品?

生产过程中，危害呼吸器官的因素主要有生产性粉尘和化学毒物两大类。一般来说，劳动者在进行固体物质的粉碎、碾磨、筛分、拌和、包装、运输，以及矿山钻孔、爆破、筑路、凿岩等工作中，都会接触到大量粉尘。长期悬浮在空气中的粉尘颗粒越细，越容易被人体吸入，特别是粒径小于 5 微米的呼吸性粉尘，会直接进入肺泡并沉积，导致矽肺病或其他尘肺病，患者轻则丧失劳动能力，重则死亡，严重影响着劳动者的身体健康，给成千上万家庭带来痛苦。另外，接触生产性毒物的行业和工种也很多，如在化工、制药、油漆、冶金、印刷等工业生产中，会产生许多化学有毒物质，被吸入人体后可引起急性或慢性中毒，有的有害物甚至可以引起恶变，导致白血病、癌症等。据统计，职业中毒的 95％左右是吸入有毒物质所致，因此，预防尘肺、职业中毒、缺氧窒息，关键是进行呼吸器官的防护。

呼吸器官的防护是指操作人员佩戴有效、适宜的防护器具，直接防御有害气体、蒸气、尘、烟、雾经呼吸道进入体内，或者供给清洁空气，从而保证其在尘毒污染或缺氧环境中呼吸正常和安全健康。因操作条件或工艺设备所限，在含尘或毒物污染超过《工业企业设计卫生标准》的环境中处理事故，如检修、抢救等剧毒作业以及在狭小密闭舱内操作，都必须重视呼吸器官的防护，选用合适的呼吸器官防护用品。

◎**事故案例**

1999年12月21日，深圳某公司员工宁某，因皮肤瘙痒到医院诊治，诊治过程中医院查出宁某患有中毒性肝炎和病毒性肝炎，于是留院治疗，第二天晚上病情突然恶化，经抢救无效死亡。宁某所在公司是一家合作经营企业，生产计算机主机板，有装配作业工人70名，在车间南端设有超声波三氯乙烯清洗机2台，无局部机械通风设施，并且工人在上岗时均未佩戴防毒口罩、防护眼镜等个人防护用品，三氯乙烯清洗作业也未形成独立清洗场所，无隔墙，与其他工种混在一起。而宁某岗位距离三氯乙烯清洗机15米左右。宁某的死亡，与生前工作中大量接触三氯乙烯有关，属于职业伤害。这起事故就是员工未使用合适的个人劳动防护用品造成的。

◎**相关知识**

尘肺是由于在职业活动中长期吸入生产性粉尘（灰尘），并在肺内滞留而引起的以肺组织弥漫性纤维化（疤痕）为主的全身性疾病。我国法定的12种尘肺有：矽肺、煤工尘肺、电墨尘肺、碳墨尘肺、滑石尘肺、水泥尘肺、云母尘肺、陶工尘肺、铝尘肺、电焊工尘肺、铸工尘肺、石棉肺。

37. 常见的呼吸防护用品都有哪些种类？

呼吸防护用品根据结构和原理，可分为过滤式和隔离式两大类；

按其防护用途可分为防尘、防毒和供氧三类。常见的呼吸器官防护产品主要有自吸过滤式防尘口罩、过滤式防毒面具、氧气呼吸器、自救器、空气呼吸器、防微粒口罩等。

（1）过滤式呼吸防护用品。这类防护用品是以佩戴者自身呼吸为动力，将空气中有害物质予以过滤净化，可分为防尘口罩和防毒面具两种。

1）自吸过滤式防尘口罩。主要用于防御各种粉尘和烟等质点较大的固体有害物质的防尘呼吸器。这种口罩有复式和简易式两种。其中，复式防尘口罩由主体（口鼻罩）、滤尘盒、呼气阀和系带等部件组成；简易式防尘口罩没有滤尘盒，大部分不设呼气阀，依靠夹具、支架或直接将滤料作成口鼻罩。

2）自吸过滤式防毒面具。主要用于防御各种有害气体、蒸气、气溶胶等有害物质，通常称为防毒口罩或防毒面具，可分为直接式与导管式两种。前者为滤毒罐（盒）直接与面罩相连；后者为滤毒罐（盒）通过导气管与面罩相连。防毒面具的面罩分为全面罩和半面罩。全面罩有头罩式和头戴式两种，应能遮住眼、鼻和口；而半面罩一般只能遮住鼻和口。

（2）隔离式呼吸防护用品。这类防护用品能使戴用者的呼吸器官与污染环境隔离，由呼吸器自身供气（空气或氧气）或从清洁环境中引入空气来维持人体的正常呼吸。按其供气方式可分为自带式与外界输入式两种。

1）自带式。有空气呼吸器和氧气呼吸器两种，其结构包括面罩、短导气管、供气调节阀和供气罐，其呼吸通路与外界隔绝。供气形式采用罐内盛压缩氧气（空气）或过氧化物供氧和借呼出的水蒸气及二氧化碳发生化学反应产生氧气两种。

2）外界输入式。有电动送风呼吸器、手动送风呼吸器和自吸式长管呼吸器三种，与自带式的主要区别在于供气源由作业场所外输入口罩（面具或头盔）内。由口罩（面具或头盔），长导气管、减压阀、净化装置及调节阀等组成。

38. 如何选择呼吸防护用品？

我国目前选择呼吸防护用品的原则，一般是根据作业场所的氧含量是否高于 18%来确定选用过滤式或隔离式，根据作业场所有害物的性质和最高浓度确定选用全面罩或半面罩。

过滤式呼吸防护用品只能在不缺氧的劳动环境，即环境空气中氧的含量不低于 18%和低浓度的有毒物质作业环境，以及短时间内不会危害生命健康的作业条件下使用，一般不能用于罐、槽等密闭狭小容器中作业人员的防护。其中，防尘口罩和防尘面具不能用于有毒有害气体或蒸气的环境作业。

隔离式防护用品主要用于缺氧、尘毒污染严重、污染情况不明或浓度未知的有生命危险的作业场所，一般不受环境条件限制。其中，外界输入式一般只适用于定岗作业和流动范围小的作业。

在井下这类相对封闭的空间作业，应选择隔离式防毒面具。作业时，一般选择长管面具，通过一根长管使作业者呼吸井外清洁空气；抢险时，一般选择空气呼吸器。

根据有害物浓度的不同，一般情况下，当环境中有毒有害气体或蒸气浓度低于 0.1%时，可选择全面罩或半面罩配滤毒盒；当浓度低于 0.3%时，可选择全面罩配小型滤毒罐；当浓度低于 0.5%时，可选择全面罩配中型滤毒罐。

◎事故案例

2004 年 3 月 14 日，常熟市某建材有限公司发生一起因吸入铅烟尘引起慢性中毒的事故。3月7日，该公司因热浸镀锌钢卷生产线铅槽有铅渗漏而进行检修，由10名作业工人分日夜二班轮流对铅槽底渗出的铅用机械方法清理。作业过程中，为了加快清理进度，从10日开始，工人改变作业方法，改用氧气切割的方法清除铅块。4天后，作业工人中有4人出现头晕乏力、全身不适，恶心呕吐、腹部不适等症状。现场调查发现，事故发生作业点的铅槽约有4米深，宽约0.8米的狭窄过道。本次中毒事故发生系作业工人违反操作规程，擅自使用氧气风枪切割替代机械挖掘清除铅块，导致吸入铅烟尘，引起铅吸收中毒。同时，作业工人的职业病防护意识淡漠，在狭小的铅槽过道内作业，未采取有效的通风排毒措施，未佩戴个人防护面具，也是发生中毒原因所在。

39. 如何进行呼吸防护用品的检查与保养?

（1）应按照呼吸防护用具使用说明书中的有关内容和要求，定期检查和维护呼吸防护用品。由经过培训的人员实施检查和维护，对使用说明书未包括的内容，应及时向生产者或经销商询问。

（2）呼吸用品在每次使用前和佩戴后，应检查防护用品的部件是否齐全完好，是否有老损现象，及时更换失效部件。

(3) 对携气式呼吸器，使用后应立即更换用完的或部分用完的气瓶或气体发生器并更换其他过滤部件。更换气瓶时不允许将空气瓶与氧气瓶互换。

(4) 应使用专用润滑剂润滑高压空气或氧气设备。

(5) 使用者不应自行重新装填过滤式呼吸防护用品的滤毒罐或滤毒盒内的吸附过滤材料。也不得采取任何方法自行延长已经失效的过滤元件的使用寿命。

40. 如何进行呼吸防护用品的清洗、消毒和储存？

(1) 呼吸防护用品的清洗和消毒

1) 呼吸防护用品要个人专用，每次使用后应清洗与消毒。

2) 从卫生角度和延长防护用品寿命角度出发，应经常清洗面罩。清洗时，应按照说明书要求拆卸有关部件，使用软毛刷在温水中清洗，或加入适量中性洗涤剂清洗，用清水冲洗干净后，放在清洁场所风干。

3) 不可清洗过滤元件，对可更换过滤元件的呼吸防护用品，清洗前应将过滤元件取下。

4) 使用消毒剂时，应注意消毒剂的使用说明，并严格按照消毒剂的最佳使用浓度进行配比。

(2) 呼吸防护用品的储存

1) 呼吸防护用品应保持清洁、干燥、无油污、避免阳光直射和接触腐蚀性气体。

2) 不常使用的防护用品应用密封袋储存，储存时避免面罩变形，且不得随意变更存放地点。

3) 防毒过滤元件不应敞口储存。

41. 呼吸防护用品的选择和使用应注意哪些问题?

(1) 采购和使用防护口罩、面具、头罩前，应根据作业场所的有害尘、烟、气体浓度来选用可靠合适的呼吸器。比较复杂的呼吸防护用品，如各类便携式呼吸器、供气式呼吸器，使用前必须接受专业培训。

(2) 呼吸防护用品应适合使用者使用，应仔细检查口罩面具四周是否吻合个人脸型，松紧头带弹性是否足够，滤烟层纤维细度、厚度及滤毒层质量性能、说明书是否符合国家标准。

(3) 呼吸防护用品使用寿命是有限的，且受自身容量、有害物种类和浓度、佩戴时间、使用现场温湿度及维护方法等影响，应适时更换。注意大中小滤毒盒内活性炭、触媒等是否松动，是否过期失效。

(4) 进入污染危害环境前，应正确佩戴好呼吸防护用品，进入污染危害环境后应始终坚持佩戴。作业中存在可以预见的紧急危险时，须两人同时备有合适的护具和应急逃生自救器，才能进入危险区。

(5) 有爆炸危险的作业不能使用氧气呼吸器；没有配备防尘过滤元件，防毒面具不能用于防尘；当颗粒物有挥发性时，如喷漆产生的漆雾，必须选用防尘防毒组合的防护用品。

(6) 使用面具前应预先刮净胡须，不能将头发夹在面罩和面部皮肤之间，以防防护气体泄漏。

(7) 患有心肺疾病者不宜选用呼吸阻力较大的呼吸器，可用正压供气式呼吸器。

(8) 供气式防毒口罩、面具使用前，应检查各部件是否完好，有无破损生锈，是否漏气，空气呼吸器的压缩空气钢瓶不允许用于充氧气。

（9）按作业场所危害因素选用合适的呼吸器。当有害物刺激眼睛和皮肤时，应选全面罩。当颗粒物具有放射性、致癌性等高毒性时，应选过滤效率等级最高的过滤材料。

（10）当没有适合的过滤元件时，应选择供气式呼吸防护用品。使用长管供气呼吸防护系统时，应确保气源安全稳定，导气管不能折叠或压扁，保证气流通畅。

（11）使用者必须理解使用说明，了解呼吸防护用品的适用性和防护功能，判断是否适合所遇到的有害物及其危害水平；任何面罩和过滤器都不能单独使用。

4.2　常用呼吸防护用品的使用

42. 怎样选择合适的防尘口罩?

（1）口罩的阻尘效率。口罩的阻尘效率的高低是以其对微细粉尘，尤其对 5 微米以下的呼吸性粉尘的阻隔效率为标准。因为这一粒径的粉尘能直接入肺泡，对人体健康造成的影响最大。一般的纱布口罩，其阻尘原理是机械式过滤，就是当粉尘冲撞到纱布时，经过一层层阻隔，将一些大颗粒粉尘阻隔在纱布中。但是，对一些微细粉尘，尤其是小于 5 微米的粉尘，就会从纱布的网眼中穿过去，进入呼吸系统。目前，国外有一些防尘口罩，其滤料由充上永久静电的纤维组成，小于 5 微米的呼吸性粉尘在穿过此种滤料的过程中，被静电吸引并被吸附在滤料上，起到真正的阻尘作用。

（2）口罩与人脸形状的密合程度。空气就像水流一样，哪里阻力小就先向哪里流动。当口罩形状与人脸不密合，空气中的危险物会从不密合处泄漏进去，进入人的呼吸道。那么，即便选用滤料再好的口罩也无法保障健康。现在，国外许多法规标准规定，工人应定期进行口罩密合性测试，目的就是为了保证工人选用大小合适的口罩，并按正确步骤佩戴。

（3）佩戴舒适。要求呼吸阻力要小，质量要轻，卫生，保养方便。这样，工人才会乐意在工作场所坚持佩戴并提高其工作效率。现在国外的免保养型口罩，不必清洗或更换部件，当阻尘饱和或口罩破损后即丢弃，这样，既保证口罩的卫生又免去了工人保养口罩的时间和精力。而且许多口罩都采用拱形形状，既能保证与人脸形状的密合良好又能在口鼻处保留一定的空间，佩戴舒适。

◎事故案例

1999年9月17日，广东恒晕宝石工艺制品有限公司部分切石车间工人觉得身体不适，进行检查，被诊断患有矽肺病。经调查发现，该公司严重违反劳动安全法律法规，让员工在没有劳动安全卫生防护设施的情况下，在有毒有害环境岗位上作业。有68名员工患了职业病，其中34人不同程度地患有Ⅰ、Ⅱ、Ⅲ期矽肺病，34人患有浸渍性皮炎。这起事故就是由于公司未能按照规定为员工配备合适的防尘口罩造成的。

43. 如何正确佩戴防尘口罩？

口罩必须大小适合，佩戴方式也必须正确，口罩的防护作用才会有效。

（1）先将头带每隔2～4厘米处拉松。

（2）将口罩放置掌中，将鼻位金属条朝指尖方向，让头带自然垂下。

（3）戴上口罩，鼻位金属条部分向上，紧贴面部。

（4）将口罩上端头带放于头后，然后下端头带拉过头部，置于颈后，调校至舒适位置。

（5）将双手指尖沿着鼻梁金属条，由中间至两边，慢慢向内按压，直至紧贴鼻梁。

（6）双手尽量遮盖口罩并进行正压及负压测试。

正压测试：双手遮着口罩，大力呼气。如空气从口罩边缘溢出，即佩戴不当，须再次调校头带及鼻梁金属条；负压测试：双手遮着口罩，大力呼气，口罩中央会陷下去，如有空气从口罩边缘进入，即佩戴不当，须再次调校头带及鼻梁金属条。

（7）呼吸阀的功能：在湿热、通风较差或劳动量较大的工作环境，使用具有呼吸阀的口罩可帮助人们在呼气时更感舒适。呼吸阀的作用原理是呼气时靠排出气体的正压将阀片吹开，以迅速将体内废气排除，降低使用口罩时的闷热感，而吸气时的负压会自动将阀门关闭，以避免吸进外界环境的污染物。

44. 口罩的使用应注意哪些问题?

（1）定期更换口罩。出现以下情况时应及时更换口罩：

1）口罩受污染，如染有血渍或飞沫等异物。

2）使用者感到呼吸阻力变大。

3）口罩损毁。

4）在面具与使用者面部密合良好的情况下，当使用者感到防尘滤棉的呼吸阻力很大时，说明滤棉上已附满了粉尘颗粒。

5）在面具与使用者面部密合良好的情况下，当使用者闻到了有毒物的味道时，应该及时更换新的防毒滤盒。

6）口罩不宜长期佩戴。从人的生理结构来看，由于人的鼻腔黏膜血液循环非常旺盛，鼻腔里的通道又很曲折，鼻毛构起一道过滤的“屏障”。当空气吸入鼻孔时，气流在曲折的通道中形成一股旋涡，使吸入鼻腔的气流得到加温。如果长期戴口罩，会使鼻黏膜变得脆弱，失去了鼻腔的原有生理功能，故不能长期戴口罩。

（2）保持口罩的清洁

1）口罩的外层往往积聚着很多外界空气中的灰尘、细菌等污物，而里层阻挡着呼出的细菌、唾液，因此，两面不能交替使用，否则会将外层沾染的污物在直接紧贴面部时吸入人体，而成为传染源。

2）口罩在不戴时，应叠好放入清洁的信封内，并将紧贴口鼻的一面向里折好，切忌随便塞进口袋里或是在脖子上挂着。

3）若口罩被呼出的热气或唾液弄湿，其阻隔病菌的作用就会大大降低。所以，平时最好多备几只口罩，以便替换使用，应每日换洗一次。洗涤时应先用开水烫 5 分钟，再用手轻轻搓洗，清水洗净后在清洁场所风干。但是，有活性炭过滤的和一次性的不必清洗。

45. 自吸过滤式防毒面具如何正确使用？

（1）连接防毒面具：旋下罐盖，将滤毒罐接在面罩下面，取下滤毒罐底部进气孔的橡皮塞。

（2）使用前先检查全套面具的气密性。方法是将面罩和滤毒罐连接好，戴好防毒面具，用手或橡皮塞堵住滤毒罐进气孔，深呼吸，如没有空气进入，则此套面具气密性较好，可以使用，否则应修理或更换。

（3）佩戴时如闻到毒气微弱气味，应立即离开有毒区域。

（4）在有毒区域的氧气占总体积的 18%以下、有毒气体占总体积 2%以上的地方，各型号滤毒罐都不能起到防护作用。

（5）滤毒盒或滤毒罐的防护性能针对性较强，不能乱用或混用，常用的几款滤毒罐的防护对象如下：

1）1 号滤毒罐：标色为绿色，主要防护综合气体，例如氰氢酸、氯化氰、砷化氰、光气、双光气、氯化苦、苯、溴甲烷、路易氏气、二氯甲烷、芥子气。

2）2 号滤毒罐：标色为橘红色，主要防护一氧化碳、各种有机物蒸气、氢氰酸及其衍生物。

3）3 号滤毒罐：标色为棕色，主要防护有机气体，例如苯、丙酮、醇类、二硫化碳、四氯化碳、三氯甲烷、溴甲烷、氯甲烷、硝基烷、氯化苦。

4）4 号滤毒罐：标色为灰色，主要防护氨、硫化氢。

5）5 号滤毒罐：标色为白色，主要防护一氧化碳。

6）6 号滤毒罐：标色为黑色，主要防护汞蒸气。

7）7 号滤毒罐：标色为黄色，主要防护酸性气体和蒸汽，例如二氧化硫、氯气、硫化氢、氮的氧化物、光气、磷和含磷有机农药。

8）8 号滤毒罐：标色为蓝色，主要防护硫化氢。

（6）每次使用后应将滤毒罐上部的螺帽盖拧上，并塞上橡皮塞后储存，以免内部受潮。

（7）滤毒罐应储存于干燥、清洁、空气流通的库房环境，严防潮湿、过热，有效期为 5 年，超过 5 年应重新鉴定。

◎事故案例

案例 1：1999 年 8 月 7 日，某厂加氢裂化车间硫化氢管道泄漏，一职工巡检时被熏倒。班长发现后，立即佩戴防毒面具去施救。在救人过程中，因所戴防毒面具不能防硫化氢，故也被熏倒，造成两人死亡的重大事故。这起事故是职工巡检时没有采取必要的防范措施，班长施救时错戴了防毒面具所致。

案例 2：某县建筑工程公司民工队在加氢装置承包一项任务，一民工佩戴隔离式防毒面具（软管式呼吸器），在装置外东侧公路旁含硫污水井内掏泥，下井后第一桶还未掏满，他就站起来，随手摘掉防毒面具，立即被硫化氢熏倒，此时，在 50 米外干活的班长听到呼救声，立即赶到现场，戴上一个活性炭滤毒罐就下井救人，也中毒倒下。后经奋力抢救，前面那个民工终因中毒时间较长、中毒过重，抢救无效死亡。这起事故是民工未能按规定坚持佩戴防毒面具，班长错误地使用了滤毒罐造成的。

46. 正压式空气呼吸器的构造及其注意事项是什么?

正压式空气呼吸器主要适用于消防、化工、船舶、仓库、自来水厂、油气田等部门。在火灾、有毒有害气体及窒息等恶劣环境中，工作人员佩戴该呼吸器可以自救逃生、进行事故处理及工业性作业等工作。其构造如下：

（1）气瓶和瓶阀组。气瓶阀上装有过压保护膜片，当瓶内压力超过额定压力的 1.5 倍时，保护膜片自动卸压；气瓶阀上还设有开启后的止退装置，使气瓶

开启后不会被无意地关闭。

注意事项：

1）不准在有标记的高压空气瓶内充装任何其他种类的气体，否则可能发生爆炸。

2）高压空气瓶应避免碰撞、接触高温、沾染油脂和太阳直射。

3）每个高压空气气瓶附有高压空气瓶合格证，必须妥善保管，不得丢失。

4）不得改变气瓶表面颜色。

5）严禁混装、超装压缩空气。

（2）减压器组件。减压器组件安装于背板上，通过一根高压管与气阀相连接，减压器的主要作用是将空气瓶内的高压空气降压为低而稳定的中压，供给供气阀使用。

注意：出厂时减压器已经调试好，没有经过培训的人员不能擅自拆卸。

（3）报警哨。报警哨的作用是为了防止佩戴者遗忘观察压力表指示压力，而出现的气瓶压力过低不能保证安全退出灾区的危险。由于佩戴者呼吸量不同，做功量不同，退出灾区的距离不同，佩戴者应根据不同的情况确定退出灾区所必要的气瓶压力，绝不能机械地理解为报警后，才开始撤离灾区。而且在佩戴过程中必须经常观察压力表，防止因报警哨失灵而出现压力过低的情况。

注意：报警哨出厂时已经调整好并固定，没有检测设备，不能擅自调整。

（4）供气阀。供气阀的主要作用是将中压空气减压为一定流量的低压空气，为使用者提供呼吸所需的空气。供气阀设有节省气源的装置，可防止在系统接通，戴上面罩之前气源的过量损失。

（5）面罩。面罩为全面结构，面罩中的内罩能防止镜片出现冷凝气，保证视野清晰；面罩上安装有传声器及呼吸阀，通过快速接头与供气阀相连接。

（6）压力表。压力表用来显示瓶内的压力。

47. 正压式空气呼吸器如何佩戴和使用？

（1）背戴气瓶。将气瓶阀向下背上气瓶，通过拉肩带上的自由端，调节气瓶的上下位置和松紧度，直到感觉舒适为止。

（2）扣紧腰带。将腰带公扣插入母扣内，然后将左右两侧的伸缩带向后拉紧，确保扣牢。

（3）佩戴面罩。将面罩的上五根带子放到最松，把面罩置于使用者脸上，然后将头带从头部的上前方向后下方拉下，由上向下将面罩戴在头上。调整面罩位置，使下巴进入面罩下面凹形内，先收紧下端的两根颈带，然后收紧上端的两根头带及顶带，如果感觉不适，可调节头带松紧。

（4）面罩密封。用手按住面罩接口处，通过吸气检查面罩密封是否良好。做深呼吸，此时，面罩两侧应向人体面部移动，人体感觉呼吸困难，说明面罩气密良好，否则再收紧头带或重新佩戴面罩。

（5）装供气阀。将供气阀上的接口对准面罩插口，用力往上推，当听到咔嚓声时，安装完毕。

（6）检查仪器性能。完全打开气瓶阀，此时，应能听到报警哨短促的报警声，否则，报警哨失灵或者气瓶内无气。同时观察压力表读数。通过几次深呼吸检查供气阀性能，呼气和吸气都应舒畅、无不适感觉。

（7）使用。正确佩戴仪器且经认真检查后即可投入使用。

使用过程中要注意随时观察压力表和报警器发出的报警信号。使用结束后，首先用手捏住下面左右两侧的颈带扣环向前一推，松开颈带，再松开头带，将面罩从脸部由下向上脱下。然后，转动供气阀上旋钮，关闭供气阀，并捏住公扣笋头，退出母扣。最后，放松肩带，将仪器从背上卸下，关闭气瓶阀。

48. 井下常用的自救器有哪些种类及各自的适用范围是什么?

自救器是一种轻便、体积小、便于携带，戴用迅速、作用时间短的个人呼吸保护装备。当井下发生火灾、爆炸、煤和瓦斯突出等事故时，供人员佩戴，可有效防止中毒或窒息。自救器按其作用原理可分为过滤式和隔离式两种。隔离式自救器又分为化学氧和压缩氧自救器两种。我国生产有 AZL—40 型、AZL—60 型、MZ—3 型和 MZ—4 型等过滤式自救器，AZH—40 型化学氧自救器，AYG—45 型和 AYG—60 型压缩氧自救器。

过滤式自救器是一种专门过滤一氧化碳，使之转化为无毒的二氧化碳的自救装置。主要用于水灾或瓦斯、煤尘爆炸时防止一氧化碳中毒，适用条件受空气中含氧量及有毒气体种类的限制，只能用于氧气浓度不低于 18%、一氧化碳浓度不高于 1%且不含其他有害气体的空气条件。

化学氧自救器是利用生氧气药剂生氧供人呼吸，佩戴者的呼吸气路与外界空气完全隔绝，不受外界条件的限制，适用于井下发生火灾、瓦斯、煤尘爆炸、煤（岩）与瓦斯突出事故，只要现场人员身体未受到直接伤害都可以佩戴，安全脱险。在冒顶堵人事故中，只要没有被埋住，都可以佩戴它静坐待救，以防止瓦斯渗入氧含量降低而造成窒息死亡事故。

压缩氧自救器是利用压缩氧气供氧的隔离式呼吸保护器，是一种可反复多次使用的自救器，每次使用后只需要更换新的吸收二氧化碳的氢氧化钙吸收剂和重新充装氧气即可重复使用。用于存在有毒气体或缺氧的环境条件下。

49. 如何正确佩戴化学氧自救器？

化学氧自救器的构造如图 4—1 所示。

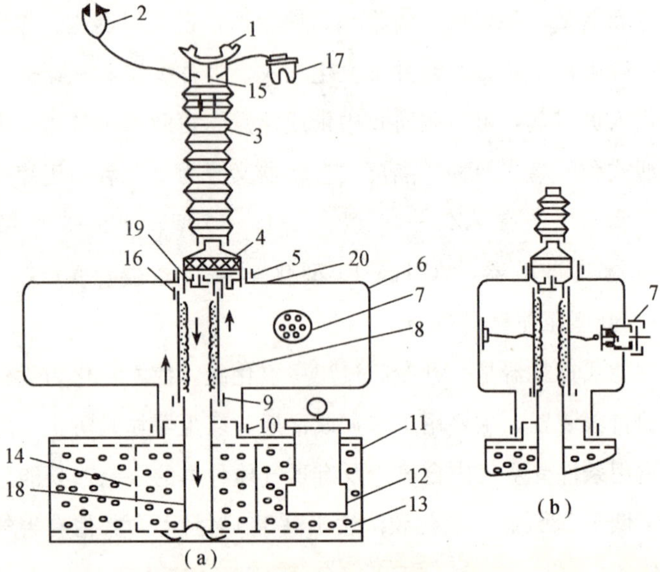

图 4—1　AZH—40 型化学氧自救器的结构

1—口具　2—鼻夹　3—呼吸软管　4—带降温器的阀盒　5—上箍圈　6—气囊　7—排气阀　8—呼气管　9—下小箍圈　10—下大箍圈　11—生氧药罐　12—启动装置　13—生氧剂　14—散热片　15—口具衬管　16—中箍圈　17—口具塞　18—药罐中心管　19—呼气阀　20—吸气阀

（1）佩戴时，将腰带穿入自救器腰带环内，并固定在背部后侧腰间。

（2）使用时，先将自救器沿腰带转到右侧腹前，左手托底，右手下拉护罩胶片，使护罩挂钩脱离壳体丢掉，再用右手掰锁口带扳手至封条断开后，丢开锁口带。

（3）左手抓住壳体下部，右手将壳体上部用力拔下丢掉。

（4）将挎带套在脖子上。

（5）用力提起口具，立即拔掉口具塞并同时将口具放入口中，口具片置于唇齿之间，牙齿紧紧咬住牙垫，紧闭嘴唇。

（6）两手同时抓住两个鼻夹垫的圆柱形把柄，将弹簧拉开，憋住一口气，使鼻夹垫准确地夹住鼻子。

（7）戴好头带。将头带分开，一根戴在头顶。一根戴在后脑勺上。

（8）戴好安全帽，迅速撤离灾区。

（9）撤离灾区时若感到吸气不足时，应放慢脚步，做深呼吸，待气量充足时再快步行走。

50. 如何正确佩戴压缩氧自救器?

压缩氧自救器的结构如图 4—2 所示。

（1）正确佩戴方法：

1）携带时挎在肩膀上。

2）使用时，先打开外壳封口带扳把。

3）再打开上盖，然后左手抓住氧气瓶，右手用力向上提上盖，此时，氧气瓶开关即自动打开，随后将主机从下壳中拖出。

4）摘下帽子，挎上挎带。

5）拔开口具塞，将口具放入嘴内，牙齿咬住牙垫。

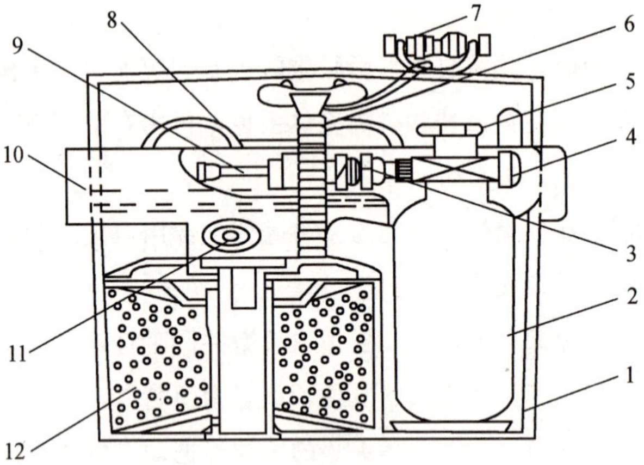

图 4—2　AYG—45 型自救器结构

1—外壳　2—氧气瓶　3—减压器　4—压力计　5—氧气瓶开关
6—口具及呼吸软管　7—鼻夹 8—眼镜　9—自动补给端杆
10—氧气袋　11—排气阀　12—二氧化碳吸收剂

6）将鼻夹夹在鼻子上，开始呼吸。

7）在呼吸的同时，按动补给按钮，大约 1～2 秒，气囊充满后立即停止（使用过程中发现气囊空，供气不足时，按上述方法操作）。

8）挂上腰钩。

（2）注意事项：

1）高压氧气瓶储装有 20 MPa 的氧气，携带过程中要防止撞击磕碰，或当坐垫使用。

2）携带过程中严禁开启扳把。

3）佩用撤离时，严禁摘掉口具、鼻夹或通过口具讲话。

51. 自救器的使用有哪些注意事项？

（1）入井前要用腰带把自救器系在左侧腰部，或挂在离本人岗位不远的地方。在一旦发生灾害事故时，才能快速地佩戴好自救器。

（2）严禁随意拆开自救器。随意拆动内部生氧药罐的任何部件，或外壳意外开启，就应立即停止携带此自救器，要作报废处理。

（3）在井下或地面应避免碰撞、跌落自救器；不准当坐垫用，也不准用尖锐器具砸自救器外壳；不能接触带电体或浸泡在水中。

（4）每班携带时，要检查自救器外部有无损伤、松动，如发现不正常现象，应及时更换完好的自救器携带入井，再把有问题的自救器送到发放室检查校验，不可把带有毛病的自救器携带入井。

（5）发生瓦斯、煤尘、爆炸事故时，要立即戴上自救器，做到沉着、冷静，全部佩戴完毕，迅速退出灾区。在没有到达安全地点以前，切不可摘掉口具和鼻夹。

（6）撤离危险区时，要匀速快步行走，呼吸要均匀，禁止狂奔乱跑，以防止意外伤害。

（7）严禁佩戴过滤式自救器进入缺氧盲巷（氧含量低于 16%）和进入含其他有害气体的场所（一氧化碳除外）。

（8）自救器的有效使用时间约为 40 分钟，佩戴自救器后不可在灾区久停，也不可顺烟雾风流一直走向回风井，行进按避灾路线，从最近巷道尽快走出烟雾地点，进入安全、新鲜风流区域。

（9）过滤式自救器只能供本人从灾区撤退时使用。在非特殊情况下，严禁佩戴自救器去救人和从事灾区的其他工作，防止事故扩大。

（10）戴上隔离式自救器行走过程中，自救器在生氧药品作用下，壳体会逐渐变热并使吸气温度逐渐升高，这表明自救器正常工作，千万不要惊慌或因吸气干热而取下口具、鼻夹。在行进中严禁通过口具讲话或摘掉口具讲话，以防止有毒有害气体中毒。如遇到冒落危险地区时，可快步行走，当快步行走一段路后，会感到呼吸阻力大，气不够用，这时可放慢脚步缓解一下，即能正常呼吸。

（11）佩戴过程中口腔产生的唾液，可以咽下，也可任其自然流入口水盒降温器，严禁拿下口具往外吐。

（12）使用压缩氧自救器，应按期更换二氧化碳吸收剂药品，以保证使用时的安全。禁止随意打开氧气瓶开关。如氧气瓶开关有慢漏气现象，应立即送去检修，再把氧气充足。

◎事故案例

2005年11月黑龙江省龙煤集团七台河分公司东风煤矿发生“11·27”重大矿井爆炸事故，本次矿难，共造成171人遇难，其中，包括169名井下矿工和2名地面工作人员。这起重大伤亡事故的原因是多方面的，但矿工的自救器配备也是其中一个重要原因。据生还矿工吴某说，事故发生后，他打开随身携带的井下自救器，却不好使，感觉不通气。当时井下灰尘很大，严重缺氧，他呼吸艰难。他说：“平时没事自救器都是密封着的，外面贴着封条，出了事打开以后，才知道是坏的”。生还的井下瓦斯检测员张某也遇到了类似情况。他说：“我打开发现里边已经没有氧了。罩在嘴上以后，无论怎么转动开关，也不供氧。后来我把自救器丢了，把毛巾沾了巷道里的水，堵在嘴上。”他说，他带出来的26名矿工中，有的违反规程没带自救器，而带下井的自救器不少是过期的。

◎法律知识

我国1999年公布的《消防过滤式自救呼吸器》第81条规定：“生产厂家必须注明生产日期和产品有效期”。我国《矿用一氧化碳过滤式自救呼吸器》第 25 条规定："产品应用时有效期应不少于 3 年"。我国《隔绝式化学氧自救呼吸器》第 58 条规定："自救呼吸器有效期：按一般作业计算有效期为三年"。

第5章 眼面部防护用品的使用

5.1 眼面部防护用品的基础知识

52. 生产过程中常见的眼面部伤害因素有哪些？

（1）异物性眼伤害。铸造、机械制造、建筑是发生眼外伤的主要工业部门。特别是在进行干磨金属，切削非金属或铸铁，切铆钉或螺钉，金属切割，粉碎石头或混凝土等作业时，如果防护不当，沙粒、金属碎屑等异物容易进入眼里，有时可引起溃疡和感染。有的固体异物高速飞出击中眼球，可发生严重的眼球破裂或穿透性损伤。

农业生产中，烟、化肥、锯木、谷壳、昆虫也可进入眼中，引起

异物性眼伤害。

（2）化学性眼面部伤害。生产过程中，酸碱液体、腐蚀性烟雾进入眼中或冲击到面部皮肤，可引起角膜或面部皮肤烧伤。飞溅的氰化物、亚硫酸盐、强碱可引起严重的眼烧伤，因为碱比酸的穿透性更强。

（3）非电离辐射眼伤害。非电离辐射指波长为 100 纳米的可见强光、紫外线和红外线。在电气焊接、氧切割、炉窑、玻璃加工、热轧和铸造等场所，能产生强光、紫外线和红外线。

紫外线可损伤人眼组织，引起日光性角膜炎、白内障、老年性黄斑退化等疾病。紫外辐射还可引起眼结膜炎，有畏光、疼痛、流泪、眼睑炎等症状，引起电光性眼炎，是工业中常见的职业性眼病。

红外辐射眼组织可产生热效应，引起眼睑慢性炎症和职业性白内障。

强可见光可引起眼睛疲劳和眼睑痉挛等，但这些症状是暂时的，不会留下病理变化。

（4）电离辐射眼伤害。包括 α 粒子、β 粒子、γ 射线、X 射线、热中子、质子和电子等辐射。电离辐射主要发生在原子能工业、核动力装置、高能物理实验、医疗门诊、同位素治疗等场所。眼睛受到电离辐射将产生严重的后果。

（5）微波和激光眼伤害。微波由于热效应可引起眼球晶体混浊，导致白内障的发生。激光投射到视网膜上可引起灼伤，甚至会引起眼球出血、蛋白凝固、溶化，导致永久失明。

◎相关知识

电光性眼炎是因眼睛的角膜上皮细胞和结膜吸收大量而强烈的紫

外线所引起的急性炎症，可由长时间在冰雪、沙漠、盐田、广阔水面作业，行走时未戴防护眼镜而引起，或太阳、紫外线灯等强烈紫外线的照射而致。潜伏期 6～8 小时，两眼突发烧灼感和剧痛，伴畏光、流泪、眼睑痉挛，头痛，眼睑及面部皮肤潮红和灼痛感，眼裂部结膜充血、水肿。电光性眼炎如果继发感染而造成角膜溃疡，愈后也会有角膜薄翳而影响视力。患者多数是接触电焊的工人，有时，医务人员使用紫外线消毒灯也会出现此种症状。

急救措施：

(1) 发生了电光性眼炎后，最简便的应急措施是用煮过后冷却的鲜牛奶点眼，也能止痛。

(2) 使用方法是，开始几分钟点一次，而后随着症状的减轻，点牛奶的时间间隔可适当地延长。

(3) 还可用毛巾浸冷水敷眼，闭目休息。

(4) 经过应急处理后，除了休息外，还要注意减少光的刺激，并尽量减少眼球转动和摩擦。

53. 眼面部防护用品都有哪些种类？

根据防护部位和防护性能，眼面部防护用品主要为防护眼镜和防护面罩类。主要防护眼睛和面部免受紫外线、红外线和微波等电磁波辐射，粉尘、烟尘、金属和砂石碎屑以及化学溶液溅射的损伤。

(1) 防护眼镜。防护眼镜常用柔韧的塑料和橡胶制成，框宽大，足以覆盖使用者的眼睛。

1) 防固体碎屑的防护眼镜。眼镜片和眼镜架应结构坚固，抗打击，框架周围装有遮边，其上应有通风口。防护镜片可选用钢化玻璃、胶质黏合玻璃或铜丝网防护镜。

2）防化学溶液的防护眼镜。可选用普通平光镜片，镜框应有遮盖，以防溶液溅入。

3）防辐射的防护眼镜。镜片采用能反射或吸收辐射线，但能透过一定可见光的特殊玻璃制成。镜片镀有金属薄膜，可以反射射线。蓝色镜片吸收红外线，黄绿镜片同时吸收紫外线和红外线，无色含铅镜片吸收 X 射线和 γ 射线。

（2）防护面罩。在生产作业过程中，防护面罩是用来保护面部和颈部免受飞来的金属碎屑、有害气体喷溅、金属和高温溶剂飞沫伤害的用具。防护面具按用途分为防打击面罩、防辐射面罩、防化学液体飞溅面罩、防烟尘毒气面罩及隔热面罩等。

1）防打击面罩。面罩用透明的有机玻璃、塑料或金属网制成，可以防止金属屑、砂石等高速尘粒打击面部。

2）防辐射面罩。面罩由厚钢板压制而成，质地坚韧且质量轻，绝缘性能和耐热性能好。面罩上开有观察孔，嵌入遮光护目镜。面罩有头戴式和手持式两种，观察孔也有固定式和翻动式两种。

3）防化学飞溅面罩。大部分用有机玻璃制成。

4）防烟尘毒气面罩。用人造革制成头盔面罩，镶有机玻璃观察孔及可以更换滤料的过滤口罩，可防止由于接触沥青粉尘导致脸部皮炎和咽喉炎。

5）隔热罩。隔热罩由铝箔隔热布和玻璃头盔组成，对辐射热反射效果好，质地柔软，防水，耐老化。

◎相关知识

我国《个人用眼护具技术要求》GB 14866—2006 规定的眼护具按结构分类如下（见表 5—1）：

表 5—1 眼护具分类

名称	样型					
眼镜	普通型			带侧光板型		

眼罩	开放型			封闭型		
	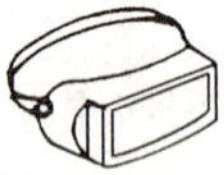					
面罩	手持式	头戴式		安全帽与面罩组合		盔式
	全面罩	全面罩	半面罩	全面罩	半面罩	
		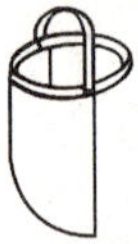				

54.眼面部防护用品的各自用途是什么？

（1）防固体碎屑的防护眼镜或面罩，主要用于防御金属或砂石碎屑等对眼睛的机械损伤，用于高低压带电作业、研磨、切割、钻凿、木工、爆破、操纵转动机械等作业。

（2）防化学溶液的防护眼镜或面罩，主要用于防御有刺激性或腐蚀性溶液对眼睛和面部的化学损伤，用于吸入性气溶胶毒性作业、沥青烟雾、矿尘、石棉尘作业以及腐蚀性作业。

（3）防辐射的防护眼镜或面罩，主要用于防御过强的紫外线等辐射对眼睛的伤害，用于高温作业、放射性矿物冶炼、核废料或核事故处理等作业。

（4）防打击面罩，多用于车、铣、刨、磨、凿岩等作业。

(5) 焊接护目镜或面罩，适用于各种强光作业，以防弧光、电焊弧对眼面部伤害。

(6) 防烟尘毒气面罩，适用于毒气较小的作业，如防沥青烟尘面罩。

(7) 隔热罩，适用于消防、冶金、玻璃、陶瓷及热处理等方面的作业。

55.我国《劳动防护用品选用规则》对眼面部防护用品有哪些规定?

(1) 高温作业必须使用防强光、紫外线、红外线护目镜或面罩。

(2) 高压带电作业、生物性毒物作业、有碎屑飞溅的作业、操纵转动机械必须使用防异物伤害护目镜；低压带电作业、野外作业、车辆驾驶可使用防异物伤害护目镜。

(3) 沾染性毒物作业、腐蚀性作业必须使用防化学液眼镜；吸入性气溶胶毒物作业可使用防化学液眼镜。

(4) 强光作业必须使用焊接护目镜和面罩或炉窑式护目镜和面罩。

(5) 激光作业必须使用防激光护目镜。

(6) 荧光屏作业可使用防辐射护目镜。

(7) 微波作业可使用防微波护目镜。

(8) 射线作业必须使用防射线护目镜。

(9) 铲、装、吊、推机械操作可使用防异物护目镜。

(10) 机舱拆解工、农机修理工、带锯工、喷砂工、钳工、车工、冷作工、制铅粉工、开挖钻工、木工、拉丝工、玻璃切裁工、碾磨工要求使用防冲击眼护具。

(11) 电镀工、绕线工、筑路工、下水道工、沥青加工工、酸洗工、汽车维修工、水泥制成工、合成药化学操作工、石棉纺织工、海洋水文气象观测工、中药方制剂工、天文测量工要求使用防异物眼护具。

(12) 配料工、碳素制品加工工、电光源导丝制造工、工具装配工、机车司机、灯塔工、玻纤拉丝工、电解工、挤压工、陶瓷机械成型工、检验工、钨铜粉末制造工、单晶制备工、光电线缆绞制工、石油钻井工、采煤工、制粉清理工、化工操作工、调剂工等必须配备眼护具。

(13) 铸造工要求使用防红外、防冲击眼护具。

(14) 炉前工、玻璃熔化工要求使用防红外线眼护具。

◎事故案例

2000年夏，安徽省某铁路货运场，三名装卸工卸硫酸。他们先将槽车上的出料管与输送管法兰接好，对槽内加压。当压力达到要求后硫酸仍没流出，随后采取放气减压，打开槽口大盖进行检查，发现槽内出料管堵塞。于是三人将法兰拆开，用钢管插入出料管进行疏通。当出料管导通时，管内喷出液体，高达三米多，溅到站在槽上三人的身上和面部。由于三人都没有戴防护面罩，造成眼部的伤害。经半年多治疗，三人视力均低于0.2，且泪腺受损。这起事故就是由于生产过程中，工人没有配备合适的眼面部防护用品造成的。

5.2 常用眼面部防护用品的使用

56. 防冲击眼护具的结构和材料有什么要求?

(1) 结构要求：

1）表面光滑、无毛刺、无锐角，不能有引起眼部或面部不舒适感的其他缺陷。

2）可调部件或结构零件应易于调节和更换。

3）透气性良好。

4）眼罩头带所用材料质地柔软、经久耐用。

5）防护眼镜的防护范围必须包括正面和侧面。

（2）材料要求：

1）具有适当的强度和弹性。

2）不能用对皮肤有害的材料制作。

3）不能用硝酸纤维一类的易燃材料制作。

4）镜片应由塑胶片、黏合片或经强化处理的玻璃片制成，普通玻璃片只有紧靠在这些镜片的背面时才可使用。

57. 防冲击眼护具有什么技术要求？

（1）视野要求。最小上侧视野为 80°。对于两个镜片组成的眼护具，最小下方视野为 60°；对单片镜片组成的眼护具，最小下方视野为 67°。

（2）主要技术性能要求：

1）抗高强度冲击性能：用于抗高强度冲击的眼镜，应满足其强度要求。

2）耐热性：镜片放在 67℃的水中，

保温 3 分钟后取出，放入 4℃以下的水中，不应出现异常现象。

3）耐腐蚀性：金属部件清除表面油垢后，放入沸腾的 10%（质量比）浓度的食盐溶液中，浸泡 15 分钟，取出后再放入室温下干燥 24 小时，再用温水洗净，待其干燥，观察表面无腐蚀现象为合格。

4）镜片的外观质量：将镜片置于背景，用 60 瓦白炽灯照明目测，表面光滑，无划痕、波纹、气泡、杂质等明显缺陷。

58. 防冲击眼护具的产品主要有哪些?

（1）有机玻璃眼镜（面罩）。透明度良好，质性坚韧有弹性，能耐低温，质量轻，耐冲击强度比普通玻璃高 10 倍。但不耐高温，耐磨性差。主要适用于金属切削加工、金属磨光、锻压工件、粉碎金属或石块等作业场所。

（2）钢化玻璃眼镜。是由普通玻璃经加热到 800～900℃以后，再进行急冷却处理，使其内部发生结构应力改变，提高抗冲击强度后制成的眼镜。钢化玻璃镜片能承受较大的冲击力，即使破裂，只产生圆粒状的碎片。

（3）钢双纱外网防护眼镜。镜架用圆形金属制成。镜框分内外两层，内层配装圆形平光玻璃镜片，安装镜脚。外层配装钢丝经纬网纱，上缘与内层框架上缘以可控扣件连接，下缘设钩卡，镜架两侧外缘至佩戴的太阳穴处，与镜架连接。

佩戴时，双层镜框重叠，可防正面和侧面飞溅物对眼睛的冲击伤害。因有钢丝纱网，能见度较差，在必须仔细辨认工作时，可把外层网框下缘的卡钩启开，向上推移 90°与视线平行，其上缘可控扣件能稳定外框角度不致下垂。这种防护镜适用于金属切屑、碾碎物料的作业场所，但不宜在高温环境和有触电危险的作业中使用。

59. 光控电焊面罩的使用注意事项是什么?

光控电焊面罩是一种用光电、电机、光磁等原理制成的自动保护面罩。由面罩主体和变光系统两部分组成。面罩主体采用头戴式，用阻燃 ABS 一次注塑成型，轻巧、耐用，可从三个不同部位调节，能适应各种头型。变光系统包括光传感器、控制电路、液晶光阀、滤光片。使用注意事项有：

（1）光控电焊面罩适用于一切焊接作业场所使用，有手持式和头戴式两种产品。

（2）当护目镜片在明态时出现闪动或变暗，应更换电池。

（3）防止重摔重压，防止坚硬的物体摩擦镜片和面罩。

60. 激光防护眼镜有哪些使用注意事项?

（1）激光操作人员眼睛不能直接对准激光束或其反射光，即使佩戴激光防护镜也最好不要直视光束，只能斜视激光源，以防万一。

（2）根据自己使用的激光发射器确认激光的种类及波长。如果波长是在紫外区域或红外区域的场合，则选用完全吸收型的激光眼镜。如果波长是在可视区域的激光场合，可选用完全吸收型的激光眼镜或一部分透过型的激光眼镜。使用同一种激光，其波长不同的情况也很多。所以，一定要确认清楚波长。

（3）选用时一定要注意每副眼镜上标明的防护光密度值、可见光透过率和波长，一种镜片只能防一种波长的激光，只有少数激光防护镜能防两种波长，不能用一种防护镜代替所有的激光防护品。

（4）防护镜在使用过程中要经常检查，看是否出现材料老化、变质、针孔、裂纹以及其他机械损伤，如发现上述情况，立即停止使用。

（5）在进行激光操作时，不仅仅是要使用与激光发射波长相符合的激光防护镜，还要在激光发射器周围围上窗帘、隔挡物等，尽可能防止激光扩散。如果激光发射器或加工机的周围不能围隔挡物时，则要用隔挡物保护工作者或周围人员，双重安全的对策是十分重要的。

61. 焊接防护面罩产品有哪些技术要求？

（1）焊接眼护具材料。焊接眼护具的各部分材料应具有一定的强度、弹性和刚性；不能用有害于皮肤或易燃的材料制作；眼罩头带使用的材料应质地柔软、经久耐用。

（2）焊接面罩材料。必须使用耐高温、耐腐蚀、耐潮湿、阻燃，并具有一定强度和不透光的非导电材料制作。

（3）焊接面罩及眼护具结构。铆钉及其他部件要牢固，没有松动现象；金属部件不能与面部接触，掀起部件必须灵活可靠；表面光滑，无毛刺，无锐角或可能引起眼面部不适应感的其他缺陷；可调部件应灵活可靠，结构零件易于更换；应具有良好的透气性。

（4）面罩质量及规格。面罩的质量除去镜片、安全帽等附件后，不得大于500克；各类焊接面罩的长度、宽度、深度、观察窗合乎要求。

（5）焊接面罩的滤光片、保护片性能要求。表面质量及内在疵病、保护片可见光透射比、滤光片颜色、滤光片透射比、屈光度偏差、平行度和强度性能等与焊接防护眼镜要求一致。

（6）面罩材料阻燃性能。面罩材料燃烧速度必须小于76毫米/分钟，塑料材料要求离开火源5秒之内能自行熄灭。

62. 常见的焊接防护面罩产品有哪几种?

（1）手持式焊接面罩。这类产品由面罩、观察窗、滤光片、手柄等部分组成。面罩部分材料用化学钢纸或塑料注塑成型。这类产品多用于一般短暂电焊、气焊作业场所。

（2）头戴式电焊面罩。由面罩、观察窗、滤光片和头戴等部分组成。按材料不同，又有头戴式钢纸电焊面罩和头戴式全塑电焊面罩。头戴式的面罩与手持式的面罩基本相同，头带由头围带和弓状带组成，面罩与头带用螺栓连接，可以上下翻动。不用时可以将面罩向上掀至额部，用时则向下遮住眼睛和面部。这类产品适用于电焊、气焊操作时间较长的岗位。

（3）安全帽式电焊面罩。这种产品是将电焊面罩与安全帽用螺栓连接在一起，可以灵活上下翻动，适用于电焊，既能防护电焊弧光的伤害，又能防作业环境坠落物体打击头部。

◎事故案例

某企业焊工在进行电焊作业时，未按规定要求使用电焊防护面罩，造成右眼视网膜黄斑部严重烧伤。电焊弧光中的红外线照射到人的眼部，主要伤害黄斑区，如果该焊工工作时按规定要求使用防护面罩或者班组长等相关人员及时提醒，该事故就不会发生。

63. 常见的焊接护目镜有哪些种类?

（1）普通式焊接眼镜。这种焊接护目镜可防侧光，式样同普通眼镜。

（2）翻转式焊接眼镜。这种焊接眼镜可将焊接滤光镜片翻转，便于观察焊接件的部位，同时在眼罩上设有透气孔，可以起到通风散热的作用。

（3）折叠式焊接眼镜。其特点是左右眼罩之间以轴链相接，可以折叠，携带方便。

（4）开放式焊接眼罩。其特点是滤光片可以根据需要更换不同的遮光号镜片，更换时只需将滤光片从框架的插槽中向一侧推出，然后插上需要的镜片，非常方便。

（5）单镜片气焊眼罩。其特点是结构简单，间接通风。

◎事故案例

2003 年 10 月份，某机械加工厂电焊车间承担一批急需焊接的零部件。当时车间有专业焊工 3 名，因交货时间较紧，3 台手动焊机要同时开工。由于有的零部件较大，电焊工人不能独立完成作业，必须他人协助。车间主任在没有配发任何防护用品的情况下，临时安排 3 名其他工人辅助电焊工操作。3 台焊机同时操作，3 名辅助工在焊接时上前扶着焊件，电光直接照射眼睛和皮肤，他们距离光源大约 1 米，每人每次上前约 30～60 分钟不等。工作了半天，下班回家不到 4 小时，除电焊工配戴有防护用品没有任何部位灼伤外，3 名辅助工先后出现了眼睛剧痛、怕光、流泪、皮肤有灼热感，痛苦难忍，疼痛剧烈等症状。这起电光灼伤事故就是因工人在参与电焊作业时，未使用护目镜或面罩造成的。

64. 防热辐射面罩产品如何分类？

防热辐射面罩产品主要有三类：

（1）头戴炉窑热辐射面罩。面罩为有机玻璃制成，头带可用红钢纸板或塑料制作。

（2）全帽连接式面罩。面罩由有机玻璃面罩与安全帽前部用螺栓连接而成，可以上下掀动。不仅防热辐射，还可防异物冲击和头部伤害。

（3）头罩式防热面罩。由面罩、头罩和披肩构成。有全封闭式和半封闭式。头罩式面罩的头罩和披肩应用阻燃面料制作，在有热辐射的环境，应选白色或喷涂金属的材料制成，其反射热辐射性能较好。面罩若全由有机玻璃制成，表面镀金属或贴金属薄膜，屏蔽效率可达到98%，反射热辐射和隔热的效果更好。观察窗的滤光片可用镀金属膜无机玻璃或镀膜有机玻璃制作，若采用有机玻璃为基片，还可在有机玻璃片外再覆以一层普通无机玻璃为保护片，以提高耐温性能和抗摩擦性。头罩式防热辐射面罩多用于有热辐射、红外线辐射、火花飞溅的作业场所。

第6章 防护服的使用

65. 生产劳动过程中引起躯体伤害的因素是什么？

劳动过程中，引起躯体伤害的因素主要有高温作业、低温作业和化学药剂、辐射微波、电离辐射等。

（1）高温作业。由于工业企业和服务行业工作地点具有生产性热源，当室外实际气温达到本地区夏季室外通风设计计算温度时，其工作地点气温高于室外气温 2℃或 2℃以上的作业称为高温作业。高温作业几乎遍布于工业生产的所有行业，如炼钢、炼铁、造纸、塑料生产、水泥生产等。高温作业按其气象条件的特点可分为下列三种基本类型。

1）强辐射作业，如冶金工业的炼焦、炼铁、炼钢、轧钢等车间，机械制造工业的铸造、锻造、热处理等车间，陶瓷、玻璃、搪瓷、砖瓦等工业的炉窑车间；火力发电厂和轮船上的锅炉等。人在这些环境下劳动时会大量出汗，如通风不良，则汗液难于蒸发，就可能因蒸发散热困难而发生蓄热和过热。

2）高温高湿作业，如印染、缫丝、造纸等工业中液体加热或蒸煮时，车间气温可达 35℃以上，相对湿度常高达 90%以上。潮湿的深矿井内气温可达 30℃以上，相对湿度可达 95%以上，如通风不良就形成高温、高湿和低气流的不良气象条件，即湿热环境。人在此环境下劳动，即使气温不很高，但由于蒸发散热更为困难，故大量出汗也不能发挥有效的散热作用，易导致体内热蓄积或水、电解质平衡失调，从而发生中暑。

3）露天作业，如农业、建筑、搬运等劳动的高温和热辐射主要来源是太阳辐射，如不采取防暑措施，常易发生中暑。

高温可使作业工人感到热、头晕、心慌、烦、渴、无力、疲倦等不适感，可出现一系列生理功能的改变，严重时，会危害人的生命。

（2）低温。对人体的危害主要有三种情况。一是皮肤组织被冻痛、冻红，二是低温金属与皮肤接触时产生皮肤伤害，三是由于低温使人体热损失过多，对人体造成全身性生理危害，如呼吸和心率加快、颤抖，继而头痛，随着人的体温逐渐降低，症状逐渐加重，甚至导致死亡。

（3）化学药剂。如酸碱溶液、农药、化肥及其他经皮肤进入体内的化学液体，或将皮肤灼伤，或刺激皮肤产生过敏性反应和毛囊炎，或引起全身性中毒症状。

（4）微波辐射。微波对人体的危害，主要表现在外周白细胞总数暂时下降。长期接触微波的人员，可能发生眼睛晶体混浊，甚至发生白内障；对生殖器、内分泌机能、免疫功能等都有不利影响。

（5）电离辐射。电离辐射对人体伤害主要有两种类型。一种是大剂量辐射造成的急性辐射伤害；另一种是长期小剂量辐射积累造成的慢性辐射伤害。其症状基本相同，如细胞和血小板减少、明显贫血、胃肠功能紊乱、毛发脱落、白内障、齿龈炎等，晚期有癌变，以再生性贫血和白细胞减少症较为多见。

有热源、光源就可能有辐射线发生，辐射线的种类随热源温度和光的强度不同而变化。物体加热至500℃，即可辐射红外线；加热至700～1 200℃，除红外线和可见光外，还可辐射长波紫外线；加热至1 300℃，红外线、可见光、长波紫外线的强度都相应增加；加热至3 000℃，可辐射大量红外线、可见光、长波紫外线和短波紫外线。接触热源辐射线的作业很多，如电焊、气焊、吹玻璃以及电炉、平炉前和其他电弧光等。

（6）静电危害。人体静电电击的发生，可能由带电体对人体放电，也可能由带静电的人对接地体的放电，其结果造成电流流经人体产生电击，或造成指尖受伤等机能损伤，或产生心理障碍、恐惧感，进而导致二次事故。此外，还可能因电击发生皮炎、皮肤烧伤等。

◎事故案例

2006年7月3日，福建省某纺织厂一女工身体不适，曾向厂方请假未准，热死在车间内温度高达40℃以上的工作岗位上。女工猝死虽说是个别现象，但却是现实中员工劳动保护状况的缩影。目前，对于高温下劳动者的防护较差，许多人尚未意识到高温作业也会对人造成严重的伤害。

66. 什么是防护服，防护服有哪些分类？

躯干防护用品，即通常讲的防护服。防护服装包括防护服和防护背甲两类。防护服分一般防护服和特殊防护服，具有特种防护性能的防护服有阻燃防护服、防火服、消防服、避火服、隔热服、消防指挥服、消防训练服、防化服等。它以使用目的来区别，可分为以下几类：

（1）在处理一些气体、液体、固体等化学药品时穿用，是为了防止化学物质透过火侵害身体而使用的化学防护服。

（2）防止细菌、病毒等生物学的危险因子用的防生物危害防护服。

（3）防止放射性污染物质的防放射性防护服。

（4）防止热和高温的耐燃服、避火服。

（5）防止火伤害身体的耐燃服。

（6）救火时，消防队员用的消防作业服和用防水材料做的防水服。

（7）在寒冷的野外或低温仓库等场所作业时用的耐寒服。

（8）防止来自高压电磁场及高周波电磁波的防静电、导电及高周波电磁波用的防护服。

（9）防止链锯、刃物、铳弹等切伤、割伤的普通及特种防护服。

67. 防护服的类型和使用功能用什么样的符号表示？（见表6—1和表6—2）

表6—1　　表示防护服类型的图形符号

图形符号	防护	图形符号	防护
	防止转动部件 ISO 7000—2411		防热防火 ISO 7000—2417
	防冻 ISO 7000—2412		防切割和刺穿 ISO 7000—2483
	防恶劣天气 ISO 7000—2414		防颗粒辐射污染 ISO 7000—2484
	防化学品 ISO 7000—2413		防机械伤害 ISO 7000—2490
	防静电 ISO 7000—2415		防微生物 ISO 7000—2491
	防链锯伤害 ISO 7000—2416		

注：通过盾形框内的符号表示防护服防护的危害类型

表 6—2　　　　防护服使用功能的图形符号

	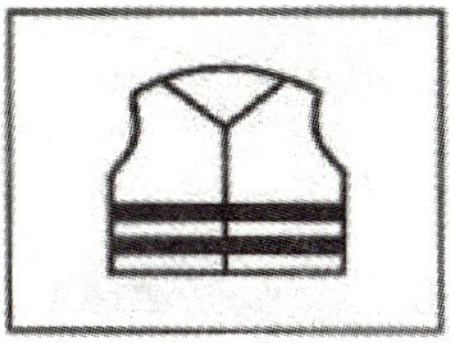	
消防防护服 ISO 7000—2418	高可视性防护服 ISO 7000—2419	喷砂操作者防护服 ISO 7000—2482

注：通过方框内的图形符号来表示防护服的使用功能

68. 防护服有什么防护作用？

一般防护服：主要是为适应环境肢体活动，便于穿脱，不易引起钩、挂、绞、碾，有利于防止粉尘、污物沾污身体。

特殊防护服：针对作业环境中的主要危险源设计而成，如静电类防护服、阻燃隔热防护服、酸碱腐蚀类防护服、抗油拒水类防护服、防辐射类防护服等，用于专门防护使用。

◎相关知识

一般防护服的应用非常广泛，工人穿的工作服也属于一般防护服的类别，具有一般防护服的功能，要遵守领口紧、袖口紧、下摆紧的“三紧原则”，主要是防止在工作中引起钩、挂、绞、碾，以防发生安全事故。在机械伤害中，因工作服穿戴造成机械事故的案例很多。

◎事故案例

某机械加工厂镗工张某正在卧式镗床上加工一种较大、较复杂的部件，镗床主轴以每分钟 200 转的速度旋转着。忽然张某痛苦地大叫一声，师傅闻声急忙按下停车按钮。只见张某上身裸露地趴在工件上，左臂鲜血淋淋，工作服、毛衣、衬衣、背心全部被撕破缠绕在镗杆上。经送医院检查救治，张某左臂及手腕多处皮肤撕裂，肌肉严重挫伤，脾脏破裂被手术切除。

事故调查发现，引起事故的直接原因是张某工作服最下边一粒纽扣未系，在他观察工件加工情况时，衣角被镗杆绞住，由此而造成事故。从这起事故看，正确穿戴个人劳动防护用品是作业人员安全生产的一个重要环节，假如张某上岗前按工作服“三紧”着装要求，将上衣纽扣全部扣紧，事故是完全可以避免的。

69. 防护服有哪些性能要求，使用防护服应注意些什么？

防护服装的功能首先取决于所选用的面料。任何一种具有特定用途的防护服装，都要求面料具有相应的性能包括特殊的性能。防护服性能是指面料对危害因素的抗御能力及持久性。它随危害性质的不同而又具体体现在若干个项目的指标要求上。比如，用于防酸碱腐蚀介质的防护服装面料，首先要耐酸碱，同时又要求抗渗透。

在使用防护服时应该注意：

（1）防护服购进穿用前，应对照产品技术条件检查其质量。

（2）使用前熟悉性能，认真阅看产品说明，熟悉其性能及注意事项，同时进行必要的穿着训练。

（3）按说明书介绍的方法穿用。

（4）要重视防护服的使用条件，不可超限度穿用。

（5）特殊作业防护服使用完毕，应进行检查、清洗、晾干保存，下次再用。产品应存放于干燥、通风、清洁的库房。以橡胶为基料的防护服，可用肥皂水洗净后冲洗晾干，撒些滑石粉膏存放；以塑料为基料的防护服，一般只在常温下清洗、晾干；特殊织物为基料的防护服，如等电位均压服、微波防护服、防静电服等应远离油污，保持干燥，防止腐蚀性物质窝蚀，避免织物中的金属等导电纤维折断，这类服装应定期检查其电性能指标。

70. 哪些情况下工厂应该给工人配备防护服？

防护服是保护生产者免受作业环境的物理、化学和生物因素的伤害。《劳动防护用品管理标准》规定，有下列情况的一种，工厂应该供给工人工作服或者围裙，并且根据需要分别供给工作帽、口罩、手套、护腿和鞋类等防护用品：

（1）有灼伤、烫伤或者容易发生机械外伤等危险的操作。

（2）在强烈辐射热或者低温条件下的操作。

（3）散放毒性、刺激性、感染性物质或者大量粉尘的操作。

（4）经常使衣服腐蚀、潮湿或者特别肮脏的操作。

◎法律知识

《中华人民共和国职业病防治法》第 2 章第 20 条规定，用人单位必须采用有效的职业病防护措施，并为劳动者提供个人使用的职业病防护用品；《中华人民共和国安全生产法》第 2 章第 39 条规定，生产经营单位应当安排用于配备劳动防护用品、进行安全生产培训的经费；《劳动防护用品管理规定》（原劳动部发［1996］138 号）第 15 条规定，使用劳动防护用品的单位应为劳动者免费提供符合国家规定的劳动防护用品。使用单位不得以货币或其他物品替代应当配备的劳动防护用品。

71. 哪些作业场所必须按要求穿戴防护服？

（1）井下作业。

（2）有强烈辐射热、烧灼危险的作业。

（3）有刺割、绞、碾压危险或严重磨损而可能引起外伤的作业。

（4）接触有毒、有放射性物质，对皮肤有感染的作业。

（5）接触有腐蚀物质的作业。

（6）在严寒地区冬季经常从事野外、露天作业而自备棉衣不能御寒的工种及经常从事低湿作业的工种才能发防寒服装。

◎相关知识

在工作场所必须按照要求佩戴和使用劳动防护用品。劳动防护用品是根据生产工作的实际需要发给个人的，每个职工在生产工作中都要好好地使用，以达到预防事故、保障个人安全的目的。

72. 一般防护服有哪些款式要求和分类？

（1）款式要求。一般防护服是防御普通伤害和脏污的各行各业穿用的工作服，根据不同行业要求，选用不同面料制成的各种工作服、标志服。一般工作服应符合《一般防护服》（GB/T 13661—1992）的规定。

1）款式要求，一般防护服应做到安全、适用、美观、大方。应有利于人体正常生理要求和健康。款式应针对防护需要进行设计，以适应作业环境肢体活动，便于穿脱，不易引起钩、挂、绞、碾，有利于防止粉尘、污物沾污身体。

2）根据防护服功能需要，选用与之相适应的面料，以便于洗涤和修补。防护服颜色应与作业场所背景色有区别，不得影响各种色光信号的正确判断。凡需要有安全标志时，标志颜色应醒目、牢固。

（2）分类。根据结构分为上、下身分离式、衣裤或帽、连体式、大褂式、背心、背带裤、围裙、反穿衣等款式等。

73. 何谓化学防护服（主要是防酸工作服），有哪些分类？

防酸工作服是用耐酸性织物或橡胶、塑料等材料制成的防护服，是从事酸作业人员穿用的具有防酸性能的服装。

防酸工作服产品根据材料的性质不同分为透气型防酸工作服和不透气型防酸工作服两类。

透气型防酸工作服用于中、轻度酸污染场所的防护，产品有分身式和大褂式两种款式。不透气型防酸工作服用于严重酸污染场所，有连体式、分身式和围裙等款式。

74. 酸对人体有什么伤害，防酸工作服防护原理是什么？

（1）酸对人体的危害。酸分为无机酸和有机酸两大类。无机酸根据其化学性质的强弱，分为强酸（如硫酸、硝酸、盐酸，俗称三酸）、中强酸（如磷酸、亚硫酸等）和弱酸（如碳酸、氧硝酸等）三种。

这三种酸具有强腐蚀性，其中硫酸常用浓度为 98%，又叫 98 酸，接触水可释放大量热。硝酸常用浓度约 65%，吸湿性强，氧化性强，易挥发，接触水可释放热。盐酸常用浓度约 38%，在化工、电镀、金属酸洗、制药、鞣革等行业中使用较多。

酸通常以液体状态与皮肤黏膜接触而引起烧灼伤，蒸发的气体或酸雾状态，对眼睛、呼吸道和牙齿等发生刺激而引起损害（酸气雾是生产性毒物之一）。液态时，硫酸较盐酸、硝酸的腐蚀性强，气态时，硝酸较前者为烈。高浓度少量酸液溅到皮肤上，可立即发生局部组织蛋白凝固坏死，接触大量酸液，能引起组织腐烂溶解。长期接触低浓度无机酸，皮肤会干燥破裂；硫酸雾能腐蚀牙齿，氢氰酸还能渗透肌肉骨骼，使其发生坏死现象。

（2）防酸工作服防护原理。防酸工作服的防护原理，主要是采用耐酸物质，使人体与酸液或它的气雾隔离，以及采用过滤材料，中和酸气雾，保护呼吸道和口腔。

◎事故案例

2006 年 5 月 31 日上午，上海某公司两名正在装卸硝酸的工人由于操作不当导致硝酸泄漏，因他们在操作时没有按照要求穿戴防护服，导致一人胸部被灼伤，一人手臂被灼伤。

1998 年，新疆某炼油厂一车间职工在接收酸液的过程中，违反了切换罐操作中“先开后关”的规程，造成管线憋压，酸液从阀门法兰处喷出而溅到没有任何防护的职工身体上，造成灼伤事故，住院治疗近两个月，给个人和单位造成了精神和物质损失。

75. 什么是防静电防护服，有什么使用要求？

（1）防静电服装是在易产生静电积累的作业场所，为消除工作服的静电积累所必备的个体防护用品。

（2）使用要求：

1）凡是在正常情况下爆炸性气体混合物连续、短时间频繁地出现或长时间存在的场所及爆炸性气体混合物有可能出现的场所，可燃物的最小点燃能量在 0.25 兆焦以下时，应穿用防静电服。

2）禁止在易燃易爆场所穿、脱防静电服。

3）禁止在防静电服上附加或佩戴任何金属物件。

4）穿用防静电服时，还应与防静电鞋配套使用，同时地面也应是导电地板。

5）防静电服应保持清洁，保持防静电性能，使用后用软毛刷、软布蘸中性洗涤剂刷洗，不可损伤服料纤维。

6）穿用一段时间后，应对防静电服进行检验，若防静电性能不符合标准要求，则不能再作为防静电服使用。

◎相关知识

静电在工业生产中的危害很大，不仅影响生产，而且容易引发各种火灾爆炸事故等，研究发现，静电对人体也是有害无利。人体长期在静电辐射下，会使人焦躁不安、头痛、胸闷、呼吸困难、咳嗽。在家庭生活当中，静电不仅化纤衣服有，脚下的地毯、日常的塑料用具、锃亮的油漆家具以及各种家电均可能出现静电现象，静电可吸附空气中大量的尘土，而且带电性越大，吸附尘埃的数量就越多。由于尘埃中往往含有多种有毒物质和病菌，轻则刺激皮肤，影响皮肤的光泽和细嫩，重则使皮肤起斑生疮，更严重的还会引发支气管哮喘和心律失常等病症。

76. 阻燃（消防类）防护服的概念及其分类是什么？

阻燃防护服是在接触火焰及炽热物体后能阻止本身被点燃后有焰燃烧和引燃的防护服。它适用于从事有明火、散发火花、在熔融金属附件操作和在有易燃物质，并有发火危险场所的工作者使用。

消防服分为一般火灾用防火服和油类等火灾用的特殊防火服。一类防火服外层为耐火化纤布耐火棉、防水透气布、阻燃布等制成。另一类防火服叫避火服。常见的有阻燃防火防护服，防 800℃、1 000℃和 1 500℃辐射热的铝箔隔热服。

◎相关知识

人体的皮肤对热是非常敏感的，人体的皮肤在接触 44℃以上高温时会出现烧伤，最先发生创痛形成Ⅰ度烧伤，继而起泡，出现Ⅱ度烧伤。在 55℃时，Ⅰ度烧伤维持 20 秒以后，Ⅱ度及Ⅲ度烧伤相继出现。在72℃时，则完全烧焦。因此，在工业炉窑、化工、石油、建筑、煤炭和消防行业，都应采用阻燃防护服，减缓火焰蔓延，降低热转移速度，并使其炭化形成隔离层，以保护劳动者的安全和健康。

77.什么是防尘防护服，分类是什么？

防尘工作服是用于接触一般粉尘作业（如铸件清砂、抛光、打磨除锈、除尘设备清扫、水泥包装等）的工作人员，免受粉尘危害的防护服。其产品应符合《防尘服》（GB/T 17956—2000）的规定。

防尘防护服按用途分为A类防尘服（普通型）和B类防尘服（防静电型）。按款式分为连体式防尘服和分体式防尘服。

◎相关知识

尘肺病是危害我国工人健康最严重的职业病。卫生部对全国职业卫生情况的最新通报表明，截至2002年，我国尘肺病累积病例581 377名，其中仍存活患者442 200例。其他资料报告证实，全国还有60万左右的可疑尘肺病人，不含还没有统计在内的，散布在社会上（小矿山等）的尘肺病患者已达百万之众。仅2002年共报告尘肺病新病例12 248例，煤工尘肺和矽肺共占85.6%，发生于煤炭系统的尘肺病患者占47.6%。年内死亡的尘肺病患者2 343例。每年尘肺病造成的直接经济损失达80亿元，同时，在国内外还造成不良的政治影响。

从行业的尘肺病情况看，煤炭系统是尘肺病的重灾户，其病例约占全国总例数的40.5%（23.5万例）。

78.油和水对人体有什么影响，抗油、拒水类防护服适用于什么行业？

（1）动、植物油类除污染衣物和皮肤使人体感觉不舒服外，对人

体并无多大影响；引起职业病害的，主要是矿物油及其裂解物，可由皮肤渗入而引起各种皮肤病，一般病程较长，不易治愈。

汽油和汽油蒸汽可使皮肤干燥、皲裂，易于感染各种病菌，造成皮肤病和湿疹。还能损害人的中枢神经系统，出现烦躁不安、肌肉痉挛、抽搐、瞳孔放大、对光反射消失等症状，甚至昏迷休克，危及生命。

长期接触海水、污水，对皮肤有腐蚀、刺激、感染作用，有的还发生干燥、皲裂或溃烂生疮。

（2）抗油、拒水防护服是由经过整理（织物经含氟聚合物浸轧整理和涂层并用工艺）的织物制成，其纤维表面能排斥、疏远油、水类液体介质，从而达到既不妨碍透气舒适，又能有效抗拒此类液体对内衣和人体的侵蚀。抗油、拒水防护服主要用于接触油水介质频繁的作业环境，如石油、井下及机加工作业等，其产品应符合《抗油拒水服安全卫生性能要求》（GB/T 12799—1991）的规定。

79. 防水防护服种类和使用范围是什么？

防水服是具有防御水透过和渗入的工作服。其中包括劳动防护雨衣、下水衣、水产服等品种，主要用于保护从事淋水作业、喷溅水作业、排水、水产养殖、矿井、隧道等浸泡水中作业的人员。

产品类别包括：

（1）胶布防护雨衣和防水工作服。是用橡胶涂覆织物为面料，经裁剪、缝制、黏合工艺制成的工作服，适用于从事淋水作业人员穿戴。

（2）下水衣、下水裤、水产服。

80. 防水服的使用和注意事项是什么？

（1）防水服的用料主要是橡胶，使用时应严禁接触各种油类（包括机油、汽油、食用油等）、有机溶剂、酸、碱等物质。

（2）洗后不可暴晒、火烤，应晾干。

（3）存放时尽量避免折叠、挤压，要远离热源，通风干燥。如需折叠，可撒些滑石粉，以免黏合。

（4）使用中避免与锐利物接触，以免割破后影响防水效果。

81. 核防护服与辐射防护服的作用和用途是什么？

核防护服也称管道式气衣（加压送风防护服），供维修人员免受α放射性气溶胶污染的危害。主要用途有：

（1）可以从事包括焊接及热切割在内的热室内维修操作，但不能用于灭火工作场所。

（2）适用于化工等有剧毒危险作业的抢修、维修等作业。

（3）适用非典预防和生物战剂等极危险作业。

◎相关知识

随着现代科学技术的飞速发展，各种高能射线在军事、通信、医学、工农业等领域和日常生活中得到越来越广泛的应用。但在给人们带来方便和享受的同时，也在某种程度上给人带来了一些危害。人长时间受超剂量的辐射，将引起全身性的疾病，出现头昏、乏力、食欲消退、脱发等神经衰弱症候群。受大剂量辐射，不仅当时机体产生病变，而且辐射停止后还会产生远期效应或遗传效应，如诱发癌症、后代小儿痴呆症等。

辐射防护服包括中子辐射防护服、100 keV 以下辐射防护服、射频微波辐射防护服、防 X 射线服、紫外线防护服五大类。主要作用是防止人体直接暴露于辐射源之下，避免人体受到辐射伤害。

82. 其他类防护服还有哪些，各自的作用是什么？

（1）焊接防护服。防御焊接时的熔融金属、火花和高温灼烧人体。

（2）防寒服。防寒服用于低温作业，保护人体免受冻伤。

（3）森林防火服。专门为森林消防队员在灭火时，为防御火焰、炙热物体、高温和高热等伤害，保护人体安全穿用的特种工作服。

（4）带电作业屏蔽服。又叫等电位均压服，其作用是在穿用后，使处于高压电厂中的人体外表各部位形成一个等电位屏蔽面，从而防护人体免受高压电场及电磁波的危害。

（5）普通防护服。分为矿工普通工作服和铁路一般劳动防护服以及普通劳保服三种。矿工普通工作服是矿工作业时穿着的用来防御普通伤害及脏污的防护服；铁路一般劳动防护服是预防铁路系统普通伤害和脏污的工作服；普通劳保服是在日常工作中使用的普通工作服，具有一定的防护能力，具有便于穿脱，不易引起钩、挂、绞、碾等特性。

第7章 鞋类防护用品的使用

7.1 鞋类防护用品的基础知识

83. 足部伤害的因素是什么？

足部伤害包括以下因素：

（1）物体砸伤或刺割伤。这是最常见的伤害因素。在机械工业、冶金工业、建筑工业等生产或施工过程中常有物体坠落或铁钉，锐利的物品散落在地面上，容易砸伤足趾或刺伤足底。如某冶金炉修理厂脚伤人数占总工伤人数的50%左右。

（2）高低温伤害。在冶炼、铸造、金属热加工、焦化、工业炉窑等作业场所，不仅环境气温高，而且还有强辐射热灼烤足部，灼热的物料易喷溅到足面或掉入鞋内引起烧伤、烫伤。而另一方面，在寒冷地区，特别是在冬季户外施工时，气候温度在零度以下，甚至在零下20～30℃施工。足部受到低温的影响，可能发生冻伤，降低工作效率。

（3）化学性（酸碱）伤害。在化工厂、造纸厂、有色冶炼、电池生产等作业时，常常接触酸碱溶液，可能发生足部被酸碱灼伤的事故。

(4) 触电伤害。是工伤事故中常见的伤害因素，可分为接触电伤害和非接触电伤害。前者主要是电流伤害，它可破坏人体内部组织，如心脏、呼吸系统、神经系统等。轻者有针刺感、打击感，出现颤抖、痉挛、血压升高、心律不齐甚至昏迷。重者可发生心室颤动、心跳停止、呼吸停止甚至死亡。后者主要是电弧伤害，表现为电烙印、电烧伤、皮肤炭化，严重者会伤及肌肉、骨骼和内部器官。在电流通过人体最易发生的部位中，手、脚是其中之一。可见脚部防触电的重要性。

(5) 静电伤害。主要是引起人体的心理障碍，产生恐惧情绪。可造成手被轧碾在机器内或从高处坠落等二次事故。此外，也可能会因静电电击造成皮肤烧伤和皮炎。而静电的主要危害是在工业上发生易燃易爆事故。

(6) 强迫体位。主要发生在低矮的井下巷道作业，膝部常弯曲或膝盖着地爬行，造成膝关节发生滑囊炎。

◎事故案例

某日下午，某水泥厂包装工在进行倒料作业中，包装工王某因脚穿拖鞋，行动不便、重心不稳，左脚踩进螺旋输送机上部 10 厘米宽的缝隙内，正在运行的机器将其脚和腿绞了进去。王某大声呼救，其他人员见状立即停车并反转盘车，才将王某的脚和腿退出。尽管王某被迅速送到医院救治，仍造成左腿高位截肢。

造成这起事故的直接原因是王某未按规定穿工作鞋，而是穿着拖鞋，在凹凸不平的机器上行走，失足踩进机器缝隙。这起事故告诉我们，上班时间职工必须按规定佩戴劳动防护用品，绝不允许穿着拖鞋上岗工作。一旦发现这种违章行为，班组长以及其他职工应该及时纠正。

84. 足部防护品分为几类？

国家对应用场所危害因素较大的防护鞋统一称为特种防护鞋；对危害因素不显现的防护鞋称为常规防护鞋。国家对特种防护鞋的生产、经营非常重视，建立了许可证制度，并强制要求按照国家强制性标准执行。按防护功能分类为以下几种：

（1）工业用防护鞋、防水鞋、防寒鞋、绝缘鞋、防静电鞋、导电鞋、电热鞋、防腐蚀鞋（碱、酸、油）、放射性污染防护鞋、防尘、污及一般机械伤害的鞋、防滑鞋、防振鞋、轻便鞋、无尘鞋、抗刺割鞋。

（2）林业安全鞋、采伐鞋、扑火用阻燃鞋。

（3）铸造及类似热作业用安全鞋。

（4）建筑等高处作业用安全鞋。

（5）搬运工、修理工等工种用安全鞋。

（6）采矿鞋。

85. 防护鞋（靴）的功能和分类是什么？

防护鞋（靴）的作用，是使用一定的特殊材料或外加的屏蔽材料，采取阻隔、封闭、吸收、分散等手段，保护足面、足趾和足底免受外来的侵害。主要功能是用于防止生产过程中有害物质和能量伤害操作者足部、小腿部。防护鞋（靴）、鞋底具有一定的耐油性能，鞋帮采用皮革、布料、海绵等制成，方便穿用者的劳动和操作，因此在这些行业中大量应用。

足部防护用品，主要是鞋类防护用品，是防止生产过程中有害物质和能量损伤劳动者足部的护具，通常人们称劳动防护鞋，如防尘鞋、防水鞋、防寒鞋、防静电鞋、防高温鞋、防酸碱鞋、防油鞋、防烫脚鞋、防滑鞋、防刺穿鞋、电绝缘鞋、防振鞋等。

◎事故案例

2006 年 5 月 22 日，上海某施工的工地发生一起意外，一根 4 米多长的木棍突然从天而降，砸伤了一名正在作业工人的脚面，由于工人没有任何防护，脚被戳穿。

86. 各类防护鞋的功能是什么？

（1）防油劳保鞋用于地面积油或溅油的场所；

（2）防水劳保鞋用于地面积水或溅水的作业场所；防寒劳保鞋用于低温作业人员的足部保护，以免受冻伤；

（3）防刺穿劳保鞋用于足底保护，防止被各种尖硬物件刺伤；

（4）防砸劳保鞋的主要功能是防坠落物砸伤脚部。

炼钢劳保鞋主要功能是防烧烫、刺割，应能承受一定静压力和耐一定温度、不易燃，这类劳保鞋适用于冶炼、炉前、铸铁等。

87. 防护鞋选择和使用原则是什么？

（1）防护鞋除了须根据作业条件选择适合的类型外，还应合脚，穿起来使人感到舒适，这一点很重要，要仔细挑选合适的鞋号。

（2）防护鞋要有防滑的设计，不仅要保护人的脚免遭伤害，而且要防止操作人员被滑倒所引起的事故。

（3）各种不同性能的防护鞋，要达到各自防护性能的技术指标，如脚趾不被砸伤，脚底不被刺伤，绝缘导电等要求。但安全鞋不是万能的。

(4) 使用防护鞋前要认真检查或测试，在电气和酸碱作业中，破损和有裂纹的防护鞋都是有危险的。

(5) 防护鞋用后要妥善保管，橡胶鞋用后要用清水或消毒剂冲洗并晾干，以延长使用寿命。

88. 哪些作业场所必须穿防护鞋?

(1) 具有机械刺穿外伤、脏污环境的作业现场的堆置物、机器设备、运输器械的运转以及材料、工具的运用时。

(2) 具有高温辐射和火花飞溅环境的高温作业是属于高温而兼强辐射类型。如冶金工业。

(3) 浓度较低的酸碱作业场所。

(4) 经常使衣服腐蚀、潮湿或者特别肮脏的操作。

89. 如何选用防护鞋（靴）?

在生产过程中，有些作业如冶金炉修理厂，脚伤者占工伤人数的50%。强迫体验着在矮小的井下弯曲爬行时膝关节易发生职业滑囊炎。还有物体砸伤或刺割伤害、高低温伤害、化学性（酸碱）伤害、触电伤害、静电伤害等因素都会对足部产生伤害，选择好的脚部防护装备至关重要。

防护鞋的种类繁多，这里主要介绍一些通用的选择方法和有特殊要求的品种，供用户选择时使用。

(1) 防护鞋品种很多，根据作业条件的不同，应分别予以选用。长期以来防护鞋的发放倾向于单一品种。因此，不同的工种，应发放不同的防护鞋，即按实际需要来发放。

(2) 掌握质量标准。

(3) 注意特殊要求。对待特殊防护鞋的选用，应按产品说明书中要求来选择与使用，以免发生意外。如对绝缘鞋、静电鞋的品种选用，应按指定要求，否则会造成严重的后果。

(4) 对防护鞋的一般要求。根据各行业工种的要求选用。

(5) 鞋形要与脚形相适应。防护鞋的选用，要与脚形、大小一致，可稍微偏大偏肥一些。

◎相关知识

防护鞋与职业鞋的区别：

防护鞋是指鞋内前端有保护包头能抗冲击能力 100 焦、耐 10 千牛静压力的鞋，可以保护穿着者脚趾免受意外伤害。

职业鞋具有保护特征、未装保护包头的鞋，用于保护穿着者免受意外事故引起的伤害。

7.2　不同防护鞋的使用

90. 什么是刺穿伤害，防刺穿鞋有什么功能?

作业场所的堆置物，如机器设备、运输器材的运转以及材料、工具的使用中，可能发生钉子、金属废料或其他尖锐物体刺、割劳动者脚底的危险，其伤害情况与机械外伤相同。接触机械和工具材料的行业、工种极为普遍，除了机械行业外，其他行业，如交通运输以及仓储业，都存在类似伤害。

防刺穿鞋是在鞋底上方置入钢片，防止锐器和利物刺穿鞋底对工作人员脚底部造成伤害。防刺穿鞋用于足底保护，防止被各种坚硬物件刺伤，主要适用于采矿、机械、建筑、冶金、采伐、运输等行业。

◎相关知识

我国成人（平均身高）的平均体重为 60.3 千克，而人的最佳负重为人体重的 35%。由此得到人体重量加上最佳负重的总质量约为 81.4 千克，取整数为 780 牛。由于考虑特殊作业的要求，如搬运装卸工，常常负荷可达到 50 千克，因此本标准规定了特级抗刺穿力为 1 100 牛。另外，还规定了Ⅰ级抗刺穿力为 780 牛、Ⅱ级抗刺穿力为 490 牛，以适用于一些非铁铁钉刺伤的工作场合。选用时要根据具体的环境特点确定相应的性能级别。

91. 防静电鞋和导电鞋的主要功能是什么?

防静电鞋和导电鞋都是以消除人体静电为目的的防护鞋。防静电鞋不仅可用防止人体静电积聚，而且还可以防止因不慎触及 250 伏工频电所带来的危险。导电鞋不仅可以在尽可能短的时间内消除人体静电，而且还可以使人体所带来的静电电压降低为最低，但仅用于不会遭到电击的场所。

◎相关知识

静电是如何产生的，有什么危害?

在生产工艺过程中和工作人员操作过程中，由于某些材料的相对运动、接触与分离等原因，会形成静电。静电不会直接使人致命，但是，静电电压可能高达数万乃至数十万伏，可能在现场发生放电，产生静电火花。静电危害事故主要有以下几个方面：

（1）在有爆炸和火灾危险的场所，静电放电火花会成为可燃性物质的点火源，造成爆炸和火灾事故。

（2）人体因受到静电电击的刺激，可能引发二次事故，如坠落、跌伤等。此外，对静电电击的恐惧心理还会对工作效率产生不利影响。

（3）某些生产过程中，静电的物理现象会对生产产生妨碍，导致产品质量不良，电子设备损坏，造成生产故障，乃至停工。

92. 防静电鞋和导电鞋的使用注意事项是什么？

（1）防静电鞋和导电鞋都有消除人体静电积聚的作用，可用于易燃易爆作业场所。但两种不同之处是防静电鞋还可以防止 250 伏以下电源设备的电击，而导电鞋则不能用于有电击危险的场所。

（2）防静电鞋虽然有防电击的作用，但禁止当绝缘鞋使用。

（3）穿用防静电鞋和导电鞋时，不应同时穿绝缘的毛料厚袜及绝缘鞋垫。

（4）使用防静电鞋的场所是防静电的地面，使用导电鞋的场所应是能导电的地面。

（5）防静电鞋应同时与防静电服配套穿用，注意产品清洁、防水、防潮。

（6）防静电鞋和导电鞋在穿用过程中，应对鞋的电阻进行测试。如果电阻值不在电阻规定的范围内，则不能作为防静电或导电鞋继续使用。

◎**相关知识**

要注意，穿用防静电鞋或导电鞋时，工作地面必须有导电性，才能接地导走静电，不能用绝缘橡胶板铺地。同时最好穿用导电袜或其他较厚的袜子，以便使人体电荷接触鞋底布通过鞋底导走。认清防静电鞋和导电鞋的特殊标志，千万不能做绝缘鞋使用，以免发生危险。

93. 为什么要使用电绝缘鞋？

电绝缘鞋（靴）是能使人的脚与带电物体绝缘，预防电击的防护鞋。

电在当今生产和日常生活中，接触和应用非常广泛。除了电力工业的发电厂，电站和供电部门外，各行各业都有带电操作的电工。人体是不良导体，不同部位、不同器官的导电能力和电阻都不一样，皮肤的角质层，在干燥时有较高的电阻值。但一般情况下，当皮肤有出汗和积尘等现象时，会导致电阻值急剧下降。当人体接触带电物体，形成闭合回路中的一个通路时，或处于高压感应区内，或处于跨步电位范围时，若处理不当，会造成触电事故。

电绝缘鞋就是为了防止以上情况发生而设计出来的一种防护鞋。

◎**事故案例**

湖南某锰矿工人进入工地作业途中，扛着风钻，进入平巷与斜井相交的三角区时欲上厕所，该工人右手习惯地紧压住肩膀上扛着的风钻。此时，风钻末端正触及平巷中电车上部悬挂的裸露电源线，因其穿着的是防护绝缘鞋，没有被电击倒；但其尿液触地的一刹那，构成了电源通路，只见一道电弧闪过，工人被电流击倒。这是工人不懂防护知识而引起的事故。

◎**相关知识**

生产和生活都离不开电的使用。但是，如果不能正确地认识电、使用电，它也会给我们造成伤害。例如，人体接受过量的电流，可能会造成电击伤；电能转换为热能作用于人体，可致使人体烧伤或灼伤；电气设备可产生电磁波，过量的电磁辐射会造成人体机能的损害。

当人体的接触电流达到0.5～1毫安时，人就有手指、手腕麻或痛的感觉；当电流增至8～10毫安时，针刺感、疼痛感增强，机体发生痉挛会抓紧带电体，但终能摆脱带电体；当接触电流达到20～30毫安时，会使人迅速麻痹不能摆脱带电体，而且血压升高，呼吸困难；电流超过50毫安时，就会使人呼吸麻痹，身体震颤，数秒钟后就可使人毙命。

94. 耐酸碱鞋（靴）的主要作用和分类是什么?

耐酸碱鞋（靴）采用防水革、塑料、橡胶等为鞋的材料，配以耐酸碱鞋底经模压、硫化或注压成型，具有防酸碱性能。其主要作用是在脚部接触酸碱或溶液泼溅在足部时，保护足部不受伤害。耐酸碱鞋只能适用于一般浓度较低的酸碱作业场所，不能浸泡在酸碱液中进行长时间作业，以防酸碱溶液浸入皮鞋内腐蚀脚造成伤害。

根据材料的性质耐酸碱鞋（靴）可分为耐酸碱皮鞋、耐酸碱塑料模压靴和耐酸碱胶靴等三类。

95. 高温作业环境对足部有什么伤害?

具有高温辐射和火花飞溅环境的高温作业是属于高温而兼强辐射类型环境。如冶金工业的炼焦、炼铁、炼钢、轧钢车间，机械工业的铸造、锻造、热处理车间，陶瓷、玻璃、砖瓦工业的窑炉等。

在这类作业场所，具有不同的热源，通过传导、对流、辐射，使周围地面温度升高。明火或熔融物质直接作用于人脚，所引起的损伤，称为烧伤。地面对流热作用于人脚，同时可通过血液循环使全身升温，它所引起的损伤称为烫伤。

◎相关知识

在高温下进行生产劳动，人体可出现一系列生理功能改变，无论体温调节、水盐代谢、循环系统、消化系统、神经系统、泌尿系统等都可有变化，若超过一定限度，对健康会有一定影响。男女职工在高温下作业，机体的反应是有差异的。一般女性发汗量低，水分和盐分消耗，按每千克体重计算低于男性，体温增高程度也小于男性，但疲劳症状较男性明显。长期在高温下作业，还可影响生殖机能，如不易妊娠等。

96. 其他类防护鞋的作用是什么?

（1）高温防护鞋。是指在内底与外底之间装有隔热中底，以保护高温作业人员足部在遇到热辐射、飞溅的熔融金属火花或在热物面（一般不超过 300℃）上短时间行动时免受烫伤、灼伤的防护鞋。

（2）焊接防护鞋。焊接类防护鞋必须是耐热、绝缘，且耐磨防滑的劳动保护鞋，适用于气割、气焊、电焊及其他焊接作业使用。

（3）森林防火鞋。是要求具有阻燃、防水、防潮和防滑性能的保护鞋。

（4）防振鞋。振动对人体的影响，主要症状为头痛、头晕、疲劳、瞌睡和背部发痒，胸腹痛，臀部和会阴部痛，虚弱，消瘦，发音不清、不准，注意力分散，姿势平衡障碍，空间定位障碍，操作效率和视觉工作效率明显降低等。防振鞋对具有来自足部的振动起减振作用，预防振动对全身产生的不良影响。

（5）耐油防护鞋。可以防止汽油、柴油、机油、煤油等化学油品对足部皮肤的伤害。

（6）消防用靴。包括消防用靴和消防员灭火防护靴两类，主要是针对消防特殊要求制作的，具有多功能的防护靴，例如抗刺穿性、抗静电性、阻燃性等。

第8章 防坠落用品的使用

8.1 防坠落用品的基础知识

97. 什么是坠落伤害?

我国国家标准（GB 3608—1983）中规定：凡坠落高度基准面 2 米以上（含 2 米）有可能坠落的高处作业，均称为高处作业。高处作业高度在 2～5 米时，称为一级高处作业；高处作业高度在 5～15 米时，称为二级高处作业；高处作业高度在 15～30 米时，称为三级高处作业；高处作业高度在 30 米以上时，称为特级高处作业。GB 3608—1993 中还规定了特殊高处作业的类别，如强风高处作业、异温（高温或低温）高处作业、雪地高处作业、雨天高

处作业、夜间高处作业、带电高处作业、悬空高处作业、抢救高处作业。

当工人在进行高处作业时，如出现意外从工作面向地面坠落的情况，就有可能造成坠落伤害。落地的冲击力若过大，可能对人体产生胸部、腹部、泌尿系统外伤，可能造成脊椎断裂、肋骨骨折、血胸、气胸、内脏损伤等。这些都可以称为坠落伤害。

◎法律知识

《安全生产法》第 49 条规定，从业人员在作业过程中，应当严格遵守本单位的安全生产规章制度和操作规程，服从管理，正确佩戴和使用劳动防护用品。

98. 构成坠落的基本要素是哪些?

坠落事故的基本要素一般由以下四个方面构成。

(1) 人的因素（不安全行为）。忽视违反安全操作规程；作业人员的失误动作；作业人员身体疲劳过度；作业人员身体方面存在某些缺陷。

(2) 物的因素（不安全状态、物质条件的不可靠性、不安全性）。设施结构不良、材料强度不够或磨损、老化；物的设置、定位不合要求；外部的、自然的不安全状态；外部存在有害物质或危险物；防护用品、用具失效或有缺陷、缺置；防护方法不当；作业方法不安全。

(3) 环境的因素（环境条件和管理条件）。工艺布置不合理；工作面窄小、场地混乱；作业环境颜色、照明、振动、噪声及温度、通风等的不合理。

(4) 管理上的因素。技术上的缺陷，如设计、选材、维修工艺流程、操作规程等不合格或不合理；对作业人员的培训、教育不够，作业人员的安全知识、技术知识或安全意识不够；劳动组合不合理、劳动纪律松弛；对上岗作业前作业人员的身体状态及心理状态的了解。

99. 带滑动型防坠落器的技术要求有哪些？

（1）固定式垂直安全绳索允许滑动型防坠落器能上下无阻力地移动，避免滑动型防坠落器因意外脱离安全绳索。

（2）当开放点位于安全绳索的首尾两端之间时，只能通过双手启动打开。当关闭时，开放点带有自锁功能，而一般使用情况下，则可以避免滑动型防坠落器因意外脱离安全绳索。

（3）活动式垂直安全绳索允许滑动型防坠落器能上下无阻力地移动，避免滑动型防坠落器因意外脱离轨道。

（4）用于安全绳索的金属链条直径最小为 8 毫米。

（5）绳索的最低承受拉力应符合垂直安全绳索的拉力测试要求。

（6）滑动型防坠落器能使垂直安全绳索自锁，无论安全绳索是紧绷还是松弛。

（7）锁的可靠性。在 1 000 次操作中，滑动型防坠落器垂直轨道或垂直安全绳索应该在没有滑程的情况下为锁住状况。

（8）带垂直或垂直安全绳的系统最大制动力为 6 千牛。

（9）带垂直轨道或固定式垂直安全绳索的系统坠落距离 H 不应超过 1.5 米；带垂直轨道或活动式垂直安全绳索的系统坠落距离 H 不超过 2.0 米。

100. 闭合式与开启式自锁连接器的技术要求有哪些？

（1）为了减少无意开启的可能，所有的连接器应具备自动闭合和自锁的功能，并且至少经过两次连续的有意动作才能开启。

（2）当自动闭合阀门从开启的位置释放时，应能自动关闭和锁住。

（3）连接器应能承受至少 20 千牛的作用力，持续 1 分钟，阀门不会损坏或无意开启。

8.2　安全带的使用

101. 安全带的性能要求有哪些？

安全带的性能要求主要分材料要求与外观、结构和尺寸要求。

（1）材料要求。安全带必须用锦纶、维纶、蚕丝等具有一定强度的材料制成。此外，用于制作安全带的材料还应具有重量轻、耐磨、耐腐蚀、吸水率低和耐高温、抗老化等特点。电工围杆带可用黄牛皮带制成。金属配件用普通碳素钢、合金铝等具有一定强度的材料制成。包裹绳子的绳套要用皮革、人造革、维纶或橡胶等耐磨抗老化的材料制成。电焊时使用的绳套应阻燃。

（2）外观、结构和尺寸要求

1）腰带必须是一条整带，宽度为 40～50 毫米，长度必须大于等于 1 300 毫米。

2）安全绳的直径应大于等于 13 毫米，吊绳、安全钩或一端加钩，另一端压股扦花，电焊工用绳须全部加套，其他悬挂绳可部分加套，吊绳不必加套。

3）金属配件表面光洁，不得有尖刺麻点、裂纹、夹渣、气孔；边缘要呈圆弧列，表面必须防锈。金属圆环、半圆环、三角环、8 字环、品字环、三道联不许焊接，边缘要呈圆弧形。

4）护腰带宽度大于等于 80 毫米，长度必须保持在 600～700 毫米之间，接触部分应垫有柔软材料，外层用织带或轻革包好，边缘圆滑无尖角。

5）安全带各部分（如腰带、胸带、背带、护腰带、腿带、胯带、带箍）等均应用同一材料制作，线缝均匀，材质一致，颜色一致。

6）安全钩要有自锁装置（铁路调车员带除外），自锁钩用在钢丝绳上，金属钩的钩舌弹簧有效复原次数大于等于 2 万次。钩舌与钩体咬口平整，不能偏斜。

102. 安全带在使用时的注意事项有哪些？

（1）应当检查安全带是否经质检部门检验合格，在使用前应仔细检查各部分构件是否完好无损。

（2）使用安全带时，围杆绳上要有保护套，不允许在地面上拖着绳走，以免损伤绳套影响主绳。使用安全绳时不允许打结，并且在安全绳的使用过程中不能随意将绳子加长，这样有潜在的危险。

（3）架子工单腰带一般使用短绳比较安全。如需使用长绳，以选用双背式安全带比较安全。悬挂安全带不得低挂，应高挂低用或水平悬挂，并应防止安全带的摆动、碰撞，避开尖锐物体。

（4）不得私自拆换安全带上的各种配件，更换新件时，应选择合格的配件。单独使用 3 米以上的长绳时应考虑补充措施。如在绳上加缓冲器、自锁钩或速差式自控器等。缓冲器、自锁钩或速差式自控器可以单独使用也可以联合使用。

（5）作业时应将安全带的钩、环牢固地挂在系留点上，卡好各个卡子并关好保险装置，以防脱落。

（6）低温环境中使用安全带时应注意防止安全绳变硬割裂。

103. 安全带在选用和保管养护方面应该注意哪些问题？

（1）安全带的选用

1）应选用经检验合格的安全带产品。使用和采购之前应检查安全带的外观和结构，检查部件是否齐全和完整，有无损伤，金属配件是否符合要求，产品和包装上有无合格标志，是否存在影响产品质量的其他缺陷，发现产品损坏或规格不符合要求时，应及时调换或停止使用。

2）安全带的金属配件的各个环节不得是焊接件，边缘要光滑，产品上应有“安全认证”标志。根据工作性质和国家相关规定，正确选用适用的安全带型号。

（2）安全带的保管养护

1）安全带应储藏在干燥、通风的仓库内，不准接触明火、高温、强酸、强碱和尖利硬物，也不能暴晒。搬动时不能用带钩刺的工具，运输过程中要防止日晒雨淋，不可折叠。金属部件应涂上机油，以防生锈。

2）对于使用频繁的安全绳应经常做外观检查，如发现异常时应及时更换新绳，并注意加绳套的问题。

3）安全带使用 2 年后，应做一次抽查，围杆带以 2 206 牛静负荷 5 分钟为标准，若带无破裂则可继续使用。悬挂安全带应用 80 千克重的沙人自由坠落 1 米高进行冲击试验，若不断则可继续使用。安全带使用期为 3～5 年，若发现异常情况应提前报废。经过了一次大的冲击负荷的部件应废弃，应使用同一厂家或同一形式的部件组装。

104. 防坠落安全带有什么作用？其组成部分有哪些？

（1）防坠落安全带的作用。防坠落安全带作为作业人员预防坠落伤害的个人防护用品，其作用就是：当坠落事故发生时，使作用在人体上的冲击力小于人体的承受极限。通过合理设计安全带的结构、选择适当的材料、采用合适的配件，实现安全带在冲击过程中吸收冲击能量，减少作用在人体上的冲击力，从而实现预防和减轻冲击事故对人体产生伤害的目的。

（2）防坠落安全带的组成部分

1）安全绳。安全带上防止人体坠落的系绳。

2）吊绳。装有自锁钩的绳，将其预先垂直、水平或倾斜挂好，自钩锁可在其上自由移动，长度可调。

3）围杆带、围杆绳。电工、电信和园林等工程围在杆上作业时使用的带子或绳子。

4）护腰带。缝有柔软型材料，附在腰带上，保护作业人员腰部的带子。

5）金属配件。其由普通碳素钢、铝合金钢等材料制成，在安全带上起连接和悬挂作用。

6）自锁钩。带有自锁装置的钩。它的工作原理是，自锁钩在冲击力的作用下产生惯性，卡齿卡住吊绳，阻止人体继续坠落。

7）缓冲器。缓解冲击的装置。它的原理是，当发生坠落时，内部结构发生改变，通过摩擦、局部变形和破坏来吸收一部分能量，从而减少人体受到的冲击力。防坠落安全带与缓冲器配合使用时，一般可使冲击力下降40％～60％。

8）防坠器。它也叫速差式自控器。它的工作原理是，利用速差进行控制，当绳索的拉出速度小于 1 米/秒时，在自控器内弹簧的作用下，绳索可自由伸缩。当拉出速度大于 1 米/秒时，即发生坠落时，绳子带动原盘快速转动，使负责制动功能的棘爪由于惯性作用立即卡住转动盘上的凸角，使圆盘不能再转动，绳索不能继续拉出，从而起到防止坠落的作用。

105. 乘车用安全带有什么作用和效果?

乘车用安全带的作用是在车辆发生事故时，防止乘客由于惯性的原因撞到方向盘上或其他物体上，以免受到伤害。它可以将冲击力分散到全身，避免和玻璃、门框、方向盘等接触面积很小的物体相撞，使局部身体受力过大。

乘车用安全带的使用效果。在没有使用乘车用安全带时，汽车如果以每小时 30 千米的速度行驶，此时急刹车，人体撞在汽车内侧物体上的加速度为 8～10G，速度 40 千米/小时时为 15～20G，速度 60 千米/小时时可达 35～40G。如果以 50 千米/小时的速度进行正面冲撞，汽车要前进 0.6 米才能停止前进，此时乘客身体将受到严重伤害。而如果乘客使用了乘车用安全带，身体只会向前移动 10～15 厘米，不会有任何损伤。

◎事故案例

2007 年十一黄金周，杭州的一位准车主在试驾某品牌车时车辆失控发生意外，坐在副驾驶座陪同试驾的女销售员由于未系安全带，事发后伤重死亡。

此次事故的直接原因是坐在副驾驶座的女销售员未按规定系好安全带，存在严重的安全隐患，最后导致其在车祸中身亡。

◎法律知识

《中华人民共和国道路交通安全法》第 51 条规定，机动车行驶时，驾驶人、乘坐人员应当按规定使用安全带，摩托车驾驶人及乘坐人员应当按规定戴安全头盔。

8.3 安全网和安全绳的使用

106. 安全网在选用时有哪些注意事项？

（1）必须严格依据使用的目的来选择安全网的类型，立网不能代替平网来使用。

（2）所选用的新网必须有近期产品检验合格报告，旧网必须是经过检验合格的，并有允许使用的证明书。

（3）当以防止人和物体坠落伤害为主要目的时，应选用合格的平网、立网或密目式安全立网。

（4）受过冲击、做过试验的安全网不允许再使用。

107. 安全网在使用时有哪些注意事项？

（1）安全网在使用时应避免以下现象的发生：

1）随意拆除安全网的部件。

2）人员跳入或将物体投入安全网内。

3）在安全网内或下方堆积物品。

4）安全网周围有严重的腐蚀性烟雾存在。

5）大量焊接或其他火星落入安全网内。

（2）对于使用中的安全网应进行定期的检查，并及时清理网上的落物，当发生下列情况之一时应及时进行修理或更换：

1）安全网受到较大的冲击之后。

2）安全网发生霉变或其他腐蚀。

3）系绳脱落。

4）安全网发生严重的变形或磨损。

5）网的搭接处脱开。

108. 如何正确安装安全网？

（1）安装前要对安全网和支撑物进行检查，确认无误后才能安装。要检查网的标记与自己所选用的网是否相符合，检查网体是否存在影响使用的缺陷，检查支撑物是否有足够的强度、刚性和稳定性，并且系结安全网的地方应无尖锐的边缘。

（2）安全网上的每根系绳都应与支架系结，四周边绳（边缘）应与支架贴紧，系结应符合打结方便，连接牢固又易于解开，工作中受力不会解脱的原则。有筋绳的安全网安装时还应把筋绳连接在支架上。

（3）安装密目网时，网上的每个环扣都必须穿入符合规定的纤维绳，允许使用强力或其他性能不低于标准规定的其他绳索（如钢丝绳或金属线）代替，系绳绑在支撑物（或架子上）时应符合打结方便、连接牢固、易于拆卸的原则。

（4）平网网面不宜绷得过紧。当网面与作业高度差大于 5 米时，其伸出长度应大于 4 米；当网面与作业高度差小于 5 米时，其伸出长度应大于 3 米；平网与下方物体表面的最小距离不应小于 3 米；两层平网间距不得超过 6 米。

（5）立网网面应与水平面垂直，并与作业面边缘的最大间隙不超过 10 厘米。

（6）安装结束后的安全网应在经专人检验，确认符合要求后，才能使用。

◎事故案例

2001 年 7 月 22 日下午，某市的一建筑队承包某单位外墙的粉刷工作。因为粉刷工作即将完成，施工队为图省事，只是在工作地点搭建了工作平台，但是在四周没有布上安全网。粉刷工陈某只是佩戴了防坠落安全带。下午 3 点 10 分左右，陈某在工作平台最右侧对墙体进行粉刷时，一不小心失去重心倒向平台外，又由于防坠落安全带很久没有进行检修，本身存在安全隐患，导致其没有在陈某坠落时起到应有的保护作用，造成陈某从 5 层楼高的工作平台坠落，最后造成重伤。

这起事故的主要原因是施工队麻痹大意，没有按照高空作业的规定在作业平台周围布上安全网。另一个次要的原因是防坠落安全带没有做定期的检修，自身存在安全隐患。所以，在进行高空作业时，决不能图省事而不布置相应的防护用具，同时也要保证防护用品能正常工作，不存在安全隐患。

109. 怎样正确使用高空作业用安全绳？

因为安全绳多为作业人员在高空作业时配合安全带使用，所以在此介绍高空作业时手扶水平安全绳的使用。

为保证高空作业人员在移动过程中始终有安全保证，当进行特别危险作业时，要求在系好安全带的同时，系挂安全绳。手扶水平安全绳设置在高处作业的特殊部位，如悬空的钢梁、框架连系梁等，在吊装就位后，施工人员要在上面行走，作为保持人体重心平衡的防坠落的扶绳。

手扶水平安全绳的设置及使用要求有以下几个方面：

（1）手扶水平安全绳宜采用带有塑胶套的纤维芯钢丝绳，其技术性能应符合 GB 1102《圆股钢丝绳》的要求，并有产品生产许可证和产品出厂合格证。

（2）钢丝绳两端应固定在牢固可靠的构架上，在构架上缠绕不得少于 2 圈，与构架棱角处相接触时应加衬垫。

（3）钢丝绳端部固定连接应使用绳卡（也叫做钢丝绳夹头），绳卡压板应在钢丝绳长头的一端，绳卡数量应不少于 3 个，绳卡间距不应小于钢丝绳直径的 6 倍；安全夹头安装在距最后一只夹头约 500 毫米左右，应将绳头放出一段安全弯后再与主绳夹紧。

（4）钢丝绳固定高度应为 1.1～1.4 米；每间隔 2 米应设一个固定支撑点；钢丝绳固定后弧垂应为 10～30 毫米。

（5）手扶水平安全绳仅作为高处作业特殊情况下，为作业人员行走时的扶绳，严禁作安全带悬挂点使用。应经常地检查固定端或固定点有否松动现象，钢丝绳有否损伤和腐蚀、断股现象。

（6）禁止使用麻绳来做安全绳。

（7）使用 3 米以上的长绳要加缓冲器。

（8）一条安全绳不能两人同时使用。

◎事故案例

2006 年 10 月 12 日下午北京市和平里东街某工地内，一名工人在拆卸脚手架时不慎由七层楼坠下，摔成重伤。当时一批工人开始在建筑外围拆卸不用的脚手架，其中一个工人因为嫌麻烦，没有佩戴高空作业用的安全绳或其他防坠落用品。之后他从建筑物七层、距地面约20米的高处摔落下来。摔落过程中，脚手架和安全网只是起到了缓冲作用，并没有阻止其下落。工人连翻带滚地摔下，满脸鲜血。

这起事故的直接原因是该工人没有按照规定佩戴高空作业用的安全绳或其他防坠落用品。这也是一起血淋淋的事故案例，它提醒所有的高空作业人员一定要按照规定佩带相应的防坠落用品，切不可麻痹大意，否则后果是十分惨重的。

110. 安全绳应该如何维护与保养?

(1) 每条绳子都该有它的使用记录。在每次使用后做简单扼要的记录。

(2) 使用绳子时，不要让它接触地面，绝对禁止踩绳子。最好放在一种可以完全摊平的绳袋上，以减少砂石跑进绳子里慢慢地割断绳皮或绳芯纤维的机会。

(3) 尽量避免将绳子拉过粗糙或尖锐的地形。做岩降时，要将绳子和岩角接触的部分用布或绳套套住。

(4) 绳子不可直接绑在树上或直接挂进钩环，也不要将两条绳子挂进同一个钩环，(双绳例外) 因为绳子会互磨。摩擦对绳子伤害很大。

(5) 要正确地岩降，高速下降产生的温度会破坏绳皮。跳跃式的垂降，则会对固定点和绳子造成非常大且不必要的负荷。

(6) 每次使用后要用手检查绳子，感受绳子上的异常处。例如某处突然扁下去，和其他地方粗细感觉不同，或某一段特别松弛等。

（7）绳子应定期清洗，用冷水和中性清洁剂稍微浸泡一下，之后不断地搅拌，让绳子各处都能洗到。特别脏的地方，用软刷轻轻地刷洗。多换几次水，确定所有清洁剂都冲掉了，再将它摊开在地上或吊起来，置于阴凉通风处自然干燥，不能暴晒。

第9章 其他防护用品的使用

9.1 防护手套的使用

111. 什么是防护手套?

防护手套的种类繁多，除抗化学物外，还有防切割、电绝缘、防水、防寒、防热辐射和耐火阻燃等功能。需要说明的是，一般的防酸碱手套与抗化学物的防护手套并非完全等同，由于许多化学物相对手套材质具有不同的渗透能力，所以需要时应选择具有防各类化学物渗透的防护手套。

依据防护手套的特性，参考可能的接触机会，选用适当的手套，应考虑化学品的存在状态（气态、液体）和浓度以确定该手套能抵御

该浓度。如由天然橡胶制造的手套可应付一般低浓度的无机酸但不能抵御浓硝酸及浓硫酸。橡胶手套对病原微生物、放射性尘埃有良好的阻断作用。

112. 防护手套的结构特征是什么?

（1）分有衬里和无衬里防护手套。无衬里手套具有优异的触感，使佩带者的双手工作灵活。有衬里的手套（衬里一般为针织，手套加上衬里后提高了结构强度），可以更好地防割、切、刺穿，但触感不如无衬里手套。

（2）具有抓握设计。手掌和手指部分的表面经过处理后，要使其在干、湿环境中可牢牢抓握物体。通常在这两个部分有 PVC 点珠、线条或其他图案装饰，以增加其摩擦力，适合于对手部灵活性有一定要求的行业人员作业使用。

（3）具有袖口设计。主要有防撕裂可卷袖口、针织袖口和直筒袖。袖口可保护腕部及以上部位，标准安全袖口一般长度为 6.35 厘米，而直筒袖一般为 11.43 厘米或更长，适合于经常接触腐蚀性物质的行业人员作业使用。

113. 防护手套有什么作用?

防护手套的作用主要有以下几点：

（1）防止火与高温、低温的伤害。

（2）防止电磁与电离辐射的伤害。

（3）防止电、化学物质的伤害。

（4）防止撞击、切割、擦伤、微生物侵害以及感染。

◎事故案例

某日上午，某木材加工场内，工人李某正在对木材进行切割加工。因为是夏天，加工场里的温度较高，于是李某没有按规定佩戴防护手套。李某工作时注意力不集中，手掌被切割设备割伤，导致其部分食指和中指被割断。

这起事故的直接原因是李某没有按照相关操作规定佩戴防护手套。次要原因是班组长或其他人员没有及时制止和纠正李某的违规行为。这起事故告诉我们，作业人员一定要按照相关规定佩戴好防护用品，如果有人员违反，班组长或其他人员应该及时制止和纠正。

114. 选用防护手套的注意事项有哪些?

（1）防护手套的种类很多，应根据防护功能来选用。首先应明确防护对象，然后再仔细选用。如耐酸碱手套，有的能耐强酸碱，有的只能耐低浓度的酸碱。而各种防护手套耐有机溶剂和化学试剂又各有不同。因此不能胡乱选用，以免发生意外。

（2）暴露于化学有毒物质的时间。暴露时间越长，越应考虑防护效能更高一级的手套。

（3）在相同效能的两种手套中，应选用较薄的一种。而且手套的尺寸要符合工作的需要，如果手套太紧，就会限制血液流通，容易造成疲劳；如果太松，就会使用不灵活，且容易脱落。同时，防护手套一定要舒适。

（4）使用前向手套内吹气，用手捏紧套口，用力压手套，观察是否漏气，若漏气则不能使用。

（5）绝缘手套选用前检验电绝缘性能。同时需要建立一套选购标准与实际使用状况相吻合的防护手套选购计划。

（6）橡胶、塑料等防护手套使用前应冲洗干净，晾干，并撒上滑石粉以防粘连。

（7）乳胶手套只能用于弱酸，如浓度不高的硫酸。不得接触强氧化剂，如硝酸等。天然橡胶制手套使用时不得与酸、碱、油类长时间接触，并应防止尖锐物体穿刺。

（8）防水、耐酸碱手套使用前应仔细检查，观察其表面是否有磨损，如有严重磨损的手套不能选用；如果只是稍有磨损也可继续使用，但应在手套外面再罩上一副纱或皮革手套，以保证安全。

（9）所有的橡胶、乳胶、合成橡胶制手套的颜色必须均匀，手套除手掌部要求偏厚外，其他部分薄厚要相差不多，表面要光滑（为防滑在手掌面部制成条纹或颗粒状止滑花纹者除外）。在手掌面部不允许有大于 1.5 毫米的气泡存在，允许有轻微皱皮但不得有裂纹存在。

115. 防护手套都应有哪些标志标识与使用说明？

（1）防护手套都应有的标志标识

1）防护手套商标、生产商或代理商的说明。

2）防护手套的名称（商业名称或代码，以便使用者知道生产商和适用范围）。

3）大小型号。

4）如有必要，标上老化日期。

（2）防护手套的外包装都应标注的内容

1）生产商和代理商的全名称及地址。

2）手套标志中的 1）、2）、4）项的信息。

3）防护手套只能防护以下危害时，在外包装上要印“仅防最低危害”。

①仅影响皮肤表面的机械工作（园艺防护手套等）。

②轻腐蚀性并易消除影响的（清洁剂防护手套等）。

③操作灼热工作时，操作者暴露在不超过 50℃的高温危害环境及危险冲击环境下。

④既非异常又非极端的自然大气条件（季节性服装）。

116. 防护手套在使用时有哪些注意事项?

使用防护手套前，首先应了解不同种类手套的防护作用和使用要求，以便在作业时正确选择。切不可把一般场合用的手套当做专用防护手套来使用。在某些场合中，所有防护手套都应佩戴合适，避免手套指过长，被机械绞或卷住，使手部受伤。

不同的防护手套有其特定的用途和性能，在实际工作时一定要结合作业情况来正确使用，以保护手部安全。以下是在使用防护手套时的几点具体的注意事项：

（1）普通操作应佩戴防机械伤手套，可用帆布、绒布、粗纱手套，以防丝扣、尖锐物体、毛刺、工具咬痕等伤手。

（2）冬季应佩戴防寒棉手套；对导热油、三甘醇等高温部位操作也应使用棉手套。

（3）使用甲醇时必须佩戴防毒乳胶或橡胶手套。

（4）加电解液或打开电瓶盖要使用耐酸碱手套，注意防止电解液溅到衣物上或身体其他裸露部位。

（5）焊割作业应佩戴焊工手套，以防焊渣、熔渣等烧坏衣袖、烫伤手臂。

（6）备用耐火阻燃手套，用于救火减灾。

（7）接触设备运转部件禁止佩戴手套。

（8）手套，特别是被凝析油、汽油、柴油等轻质油品浸湿的手套使用完毕应及时清洗油污；禁止戴此类手套抽烟、点火、烤火等，以防点燃手套。

（9）操作旋转机床禁止戴手套作业。

117. 如何对防护手套进行保管与维护？

（1）橡胶、塑料等类防护手套在使用后应将其冲洗干净，并晾干。保存时应避免高温，并在制品上撒上滑石粉，以防止其粘连。

（2）绝缘手套必须定期检验其电绝缘性能，检验后不符合规定的不能使用。

（3）接触强氧化酸如硝酸、铬酸等，因强氧化作用容易造成产品发脆、变色、早期损坏。高浓度的强氧化酸甚至会引起烧损，所以在保存过程中都应注意。

9.2　听觉防护用品的使用

118. 什么是噪声？噪声会对人体造成什么听觉伤害？

（1）噪声的定义。从物理学的观点出发，噪声就是各种不同频率和强度的声音无规律的杂乱组合。

从生物学的观点来讲，凡是使人烦躁的、讨厌的、不需要的声音都称为噪声。

（2）噪声对人体的听觉伤害：

1）暂时性听阈位移。是指人或动物接触噪声后引起听阈变化，脱离噪声环境后经过一段时间听力可恢复到原有水平。根据变化程度不同可分为听觉适应和听觉疲劳。

①听觉适应。指短时间暴露在强烈噪声环境中，感觉声音刺耳、不适，停止接触后，听觉器官敏感性下降，脱离接触后对外界的声音有“小”或“远”的感觉，听力检查听阈可提高 10～15 分贝，离开噪声环境 1 分钟之内可以恢复。

②听觉疲劳。指较长时间停留在强烈噪声环境中，引起听力明显下降，离开噪声环境后，听阈提高超过 15～30 分贝，需要数小时甚至数十小时听力才能恢复。

2）永久性听阈位移。是指噪声引起的不能恢复到正常水平的听阈升高。根据损伤的程度，永久性听阈位移又分为听力损伤及噪声性耳聋。

①听力损伤。此时患者主观无耳聋感觉，交谈和社交活动能正常进行。

②噪声性耳聋。是人们在工作过程中，由于长期接触噪声而发生的一种进行性的感音性听觉损伤。早期损伤主要在高频范围内，国际化标准组织（ISO）确定听力损失 25 分贝为耳聋的标准。

③爆震性耳聋。在某些生产条件下，如进行爆破，由于防护不当或缺乏必要的防护设备，可因强烈爆炸所产生的振动波造成急性听觉系统的严重外伤，引起听觉丧失，称为爆震性耳聋。根据损伤程度不同可出现鼓膜破裂，听骨破坏，内耳组织出血，甚至同时伴有脑震荡。患者的主要症状有耳鸣、耳痛、恶心、呕吐、眩晕，听力检查严重障碍或完全丧失。

◎相关知识

噪声性耳聋为我国法定的职业病，其诊断的依据有：强噪声的职业接触史、耳鸣症状和自觉听力下降及电测听的听力下降资料、结合工作现场的卫生学资料、排除其他致聋原因（中耳炎、药物、老年聋、外伤等）。人耳正常听力普通交谈 55～65 分贝，个别可低至 15 分贝，一般认为听力损失在 25～40 分贝为轻度耳聋，40～55 分贝为中度耳聋，70～90 分贝为重度，90 分贝以上为极端耳聋。

119. 常用的听觉防护用品有哪些？各有什么特征？

听觉保护的器具主要有两大类：一类是置放于耳道内的耳塞，用于阻止声能进入；另一类是置于外耳外的耳罩，限制声能通过外耳进入耳鼓及中耳和内耳。需要注意的是，这两种保护器具均不能阻止相当一部分的声能通过头部传导到听觉器官。

（1）耳塞。可以置放在耳道内，是用树脂泡沫材料或者橡胶等制成，用完了就可丢弃。也有一些种类的耳塞是可以重复使用的，但是必须注意工业卫生。为此，在使用后要特别注意耳塞的清洁问题。另外，也要注意耳塞和使用者的耳道是否匹配。虽然耳塞有好几种不同的尺寸，但要由经过考核的人员来决定佩戴者应使用的尺寸。因为各人的耳道大小不一，所以要用不同尺寸的耳塞。

（2）耳罩。由可以盖住耳朵的套子和放在人脑上来定位的带子组成。套子通常装有树脂塑胶泡沫材料，达到把耳朵密封起来的效果。套子里充填了吸声材料。耳罩的密封性取决于耳罩的设计、密封的方法及佩戴的松紧程度。

120. 在选用听觉防护用品时，不同产品的降噪效果有何区别？

这里就三种较为常用的听觉防护用品的降噪效果做一对比：

（1）圣诞树形防护耳塞的轮廓设计与降噪效果比较好，可以清洗和反复使用，并配有便携式外盒。降噪效果为 25 分贝。

频率（赫兹）	125	250	500	1000	2000	3150	4000	6300	8000
平均衰减（分贝）	30.2	30.7	31.4	31.5	35.2	37.4	37.8	39.5	43.9

（2）子弹形慢回弹防护耳塞的轮廓设计与降噪效果比较好，表面光滑，经过防污处理，佩戴卫生、安全。它是带线耳塞，细线能防缠绕和丢失。降噪效果为 29 分贝。使用时先把耳塞捏小，再放入耳内，耳塞会自动回弹进而密闭耳朵，达到隔音保护听觉的目的。

频率（赫兹）	125	250	500	1000	2000	3150	4000	6300	8000
平均衰减量（分贝）	35.0	38.7	37.2	36.7	35.8	40.3	40.7	41.3	42.5

（3）防噪音防护耳罩的罩杯位置可以调节，罩杯的面积大，且内部衬垫柔软，佩戴舒适，降噪效果为 23 分贝。

频率（赫兹）	125	250	500	1000	2000	3150	4000	6300	8000
平均衰减量（分贝）	15.0	20.9	27.5	30.8	33.5	33.8	36.9	36.1	36.9

◎相关知识

《工业企业噪声卫生标准（试行草案）》规定，工业企业的生产车间和作业场所的工作地点的噪声标准为 85 分贝。现有企业经过降噪努力达不到标准要求的，可以适当放宽，但是不能超过 90 分贝。

对于每天接触噪声不到 8 小时的工种，根据企业种类和条件，噪声标准可以相应放宽，但是无论接触噪声的时间有多短，其噪声不得超过 115 分贝。

121. 怎样正确使用和保管听觉防护用品?

（1）耳塞的正确使用：

1）各种耳塞在使用时，要先将耳廓向上提拉，使耳甲腔呈平直状态，然后手持耳塞柄，将耳塞帽体部分轻轻推向外耳道内，并尽可能地使耳塞体与耳甲腔相贴合。但不要用劲过猛过急或插得太深，以自我感觉适度为止。

2）戴后感到隔声不良时，可将耳塞稍微缓慢转动，调整到效果最佳位置为止。如果经反复调整仍然效果不佳时，应考虑改用其他型号、规格的耳塞试用，以选择最佳者定型使用。

3）耳塞在使用后应放入盒子内，以免受热、挤压而变形。不能与油类及酸碱接触，用完后要用肥皂清洗并晾干，橡胶耳塞可以撒少许滑石粉，以防变质。

4）佩戴硅橡胶自行成型的耳塞，应分清左右塞，不能弄错。放入耳道时，要将耳塞转动放正位置，使之紧贴耳甲腔内。

5）佩戴泡沫塑料耳塞时，应将圆柱体搓成锥形体后再塞入耳道，让塞体自行回弹，充满耳道。

（2）耳罩的正确使用：

1）将连接弓架放在头顶适当位置，尽量使耳罩软垫圈与周围皮肤相互密合。如不合适时，应移动耳罩或弓架，调整到合适位置为止。

2）在使用耳罩时，应先检查罩壳有无裂纹和漏气现象，佩戴时应注意罩壳的方向，顺着耳廓的形状戴好。

3）耳塞或耳罩软垫用后需用肥皂、清水清洗干净，晾干后再收藏备用。橡胶制品应防热变形，同时撒上滑石粉贮存。

4）无论戴用耳罩还是耳塞，均应在进入有噪声车间前戴好，在噪声区不得随意摘下，以免伤害耳膜。如确需摘下，应在休息时或离开后，到安静处取出耳塞或摘下耳罩。

（3）正确的保管方法：

1）耳塞或耳罩在使用后，要用消毒液、酒精等进行清洁后再保管（一次性使用的听觉防护用品除外）。

2）因为耳机上的耳垫粘了油就会变形，所以为了确保隔音性能，在使用后，应更换新的耳垫。

◎事故案例

2005年，山西某煤矿企业的一个矿井需要进行井下爆破。爆破手王某没有按照相关的规定佩戴相应的防噪音用品，致使巨大的爆炸声造成其爆震性耳聋，呕吐，并伴有轻微的脑震荡。经过医院诊治，王某身体无大碍。

此次事故的原因是王某不按规定佩戴相应的听觉防护用品，导致其听觉受到伤害。同时，矿井的管理也出现了问题，班组负责人并未及时纠正王某的违规操作。

9.3 高温、易燃、易爆场所防护用品选用的注意事项

122. 易燃、易爆作业场所防护用品的选用的注意事项有哪些？

易燃易爆作业防护是指作业环境中存在易燃、易爆物，容易因人为因素而发生燃烧爆炸事故，除应建立健全严格的管理操作制度外，还必须为作业人员及作业现场选用一些防护用品，以从个体自身进行防护。

易燃、易爆场所防护用品选用的注意事项主要有以下几点：

（1）应选用防静电的防护用品，不选用纯化纤的防护用品。

（2）应选用阻燃、抗熔融的防护服装，并应配备必要的不产生纯氧的呼吸护具。

（3）在易燃、易爆场所应安装防爆设备，并设置灭火器具。

（4）应选用相关的监测检测仪器设备，及时地监测检测并控制作业场所燃烧物的浓度，防止燃烧爆炸事故的发生。

123. 高温作业场所防护用品的选用的注意事项有哪些?

高温场所防护用品选用的注意事项主要有以下几点：

（1）应选择佩戴降温或液冷头盔、通风降温铝箔隔热安全帽、带风机的安全帽、防晒伞帽等。

（2）应选择穿着降温背心或铝箔布隔热服、降温服等。

（3）可以为作业人员提供含盐 0.1%～0.2%的饮料或凉茶、冰绿豆粥等。

（4）在高温抢修时可选用冷却防热服。

◎相关知识

冷却防热服用于救护人员在高温地区工作时，有使人员免受高温危害和提高工作效率的作用。普通冷却防热服由冰衣和冰袋组成。冰衣有三层：内层为尼龙编织物，中层为隔热聚酯毡，外层为镀铝玻璃纤维服。其袖口、领口和胸带是由加宽编织物制成的，可以使上身严密不透气。冰袋用纽扣扣在冰衣的内层胸前和背部，由44个隔离的冰槽组成。根据作业环境温度的不同，一般可以使用1～2个小时。

《工业企业设计卫生标准》（TJ 36—79）中对车间的气象条件有具体规定。夏季车间内工作地点的容许温度，按车间内外温差计算。室内外温差的限度是根据各地夏季室外通风设计计算温度确定的。这个计算温度一般是由本地区的气象台站根据近十年每年最热月每天最高温度的平均值计算出来的温度。

某些企业或车间（如炼焦、平炉炼钢、轧钢）的工作地点温度受条件限制，在采用一般降温措施后，仍不能达到要求时，可再适当放宽，但以不超过2℃为限。同时应在工作地点附近设置工人休息室。休息室的温度一般应低于室外温度。

工艺上要求一定温度的空气调节车间（如纺织、电子、印刷），当室外实际温度等于夏季空调室外计算温度时，车间内空气温度不应超过规定。夏季通风室外计算温度高于31℃的地区，可按规定的温度加1℃，湿度不变。夏季空调设计计算温度按现行的《工业企业采暖、通风和空气调节设计规范》执行。

附录 1

劳动防护用品选用规则

1　主题内容与适用范围

本标准规定了选用劳动防护用品的原则和要求，本标准适用于选用劳动防护用品。

2　术语

2.1　劳动防护用品

指劳动者在生产过程中为免遭或减轻事故伤害和职业危害的个人随身穿（佩）戴的用品，简称护品。

2.2　防护功能

指劳动防护用品所具有的某种防护能力。

2.3　有效防护功能最低指标

指要求护品具有的最低的防护能力。

2.4　有效使用期

指能达到有效防护功能最低指标的使用时间。

3　作业类别

按接触的能量（物质）的主要危险特性或特殊的工作条件作出分类，见表 1。

表 1

编号	作业类别名称	说明	举例
A01	易燃易爆场所作业	在常温常压下极易点燃或自燃的物质的作业	火工材料、易挥发易燃的液体及化学品、可燃性气体等
A02	可燃性粉尘场所作业	在常温常压下可点燃的固体物质粉尘的作业	铝镁粉、可燃性化学物粉尘等
A03	高温作业	同 GB 4200—84 高温作业分级国家标准中高温作业的定义	烙炼、浇铸、热轧、锻造、炉窑
A04	低温作业	一般人需要御寒衣物保暖才能维持正常工作的作业	冰库
A05	低压带电作业	额定电压小于或等于 1 200 伏的带电操作	低压设备或低压线路带电维修
A06	高压带电	额定电压大于 1 200 伏的带电操作	高压设备或高压线路带电维修
A07	吸入性气相毒物作业	在常温常压下呈气体或蒸汽状态、经呼吸道吸入能产生毒害作用的物质的作业	氯乙烯、氯气、一氧化碳、光气、硫化氢、汞
A08	吸入性气溶胶毒物作业	在常温常压下呈气溶胶状态、经呼吸道吸入能产生毒害作用的物质的作业	铅、铬、铍、锰、镉等有毒金属及其化合物的烟雾和粉尘、高毒农药气溶胶、沥青烟雾、砂尘、石棉尘、及其他有害的动（植）物性粉尘
A09	沾染性毒物作业	能黏附于皮肤衣物上经皮肤吸收产生伤害或对皮肤产生毒害的物质的作业	有机磷农药、有机汞化合物、苯和苯的二及三硝基化合物、苯胺、酚、氯腾苯、放射性物质

续表

编号	作业类别名称	说明	举例
A10	生物性毒物作业	能导致感染或生物毒素吸收的生物毒品的作业	有毒性动（植）物养殖、生物毒素培养制剂、带菌或含有生物毒素的制品加工处理、腐烂物品处理、防疫检验
A11	腐蚀性作业	产生或使用腐蚀性物质的作业	溴、硫酸、硝酸、氢氟酸、液体强碱、固体强碱、重铬酸钾、高锰酸钾
A12	易污作业	特别容易污秽皮肤或衣物的作业	炭黑、染色、油漆、有关的卫生工程
A13	恶味作业	虽无毒但产生难闻气味或恶味不易清除的作业	熬胶、恶臭物质处理与加工
A14	密闭场所作业	空气不流通的场所的作业，包括缺氧即空气中含氧浓度小于18%和毒气、有毒气溶胶超标准并不能排除等场所作业	密闭的罐体、房仓、孔道或排水系统、炉窑、存放耗氧器具或生物体进行耗氧过程的密闭空间
A15	噪声作业	声级大于90分贝的作业	风钻、气锤、铆接、钢筒内的敲击或铲锈、弧光、电弧焊、炉窑
A16	强光作业	强光源或产生强烈红外辐射和紫外辐射的作业	
A17	激光作业	激光发射与加工的作业	激光加工金属、激光焊接、激光测量、激光通讯电脑操作、电视机调试
A18	荧光屏作业	长期从事荧光屏操作与识别的作业	

续表

编号	作业类别名称	说明	举例
A19	微波作业	微波发射与使用的作业	微波机调试、微波发射、微波加工与利用
A20	射线作业	产生电离辐射的、其辐射剂量超标准的作业	放射性矿物的开采、选矿、冶炼、加工、核废料或核事故处理、放射性物质使用、X射线检测
A21	高处作业	坠落高度基准面大于或等于2米，并有可能坠落的作业	室外建筑安装、架线、高崖作业、船旁悬吊涂装、货物堆垒
A22	存在物体坠落、撞击的作业	上部可能有物体坠落或横向上可能有物体相撞的作业	建筑安装、采矿、钻探、造船、起重、森林采伐
A23	有碎屑飞溅的作业		破碎、锤击、铸铁件切削、砂轮打磨、高压流体清洗
A24	操纵转动机械		机床、传动机械及传动带
A25	人工搬运		人力抬、扛、推、搬移
A26	接触使用锋利器具		金属加工的打毛清边、玻璃装配与加工
A27	地面存在尖利器物的作业		森林作业、建筑工地
A28	手持振动机械作业		风钻、风铲、油锯
A29	人承受全身振动的作业	承受振动或处于不易忍受的振动环境中的作业	
A30	野作作业	长期从事野外露天作业	地质勘探、森林采伐、大地测量

续表

编号	作业类别名称	说明	举例
A31	水上作业	有落水危险的作业	船台、水上平台作业、水上装卸运输、木材水运、水产养殖与捕捞
A32	涉水作业	作业中需接触大量水或须立于水中作业	矿井、隧道、水力采掘、地质钻探、下水工程、污水处理
A33	潜水作业	须潜入水面以下的作业	水下采集、救捞、水下养殖、水下勘查、水下建筑、焊接与切割
A34	地下挖掘建筑作业		井下采掘运输、地下开拓建筑安装
A35	车辆驾驶	多类机动车辆驾驶	汽车
A36	铲、装、吊、推机械操纵	各类活动范围较小的重型采掘、建筑、装载起重设备的操纵与驾驶	铲机、推土机、装载机、天车、龙门吊、塔吊、单臂起重机
A37	一般性作业		自动化控制、精细装配与加工、缝纫、工作台上手工胶合与包装
A38	其他作业	未包括在上述类别者	

3.1　实际工作兼有多项作业特征，则为综合性作业。

4　使用限制

根据是否造成危害或需要某种防护功能提出，见表2。

表 2

编号	护品品类	适用条件
B	不要使用	
B01	尼龙等着火焦结的衣物	防止着火焦结、持续烧伤
B02	聚氯乙烯塑料鞋	防止高热熔化烧穿塑料鞋、导致烧伤
B03	底面钉铁件的鞋	防滑、防止碰击发出火花
B04	手套	防止运转机械绞缠手套以至人体
C	可使用	
C01	白帆布类隔热服	防止一般性热辐射伤害
C02	镀反射膜类隔热服	防止高热物质接触或强烈热辐射伤害
C03	棉布工作服	有烧伤危险时穿用
C04	耐高温鞋	防止高热物质伤脚
C05	防寒帽	防冻伤
C06	防寒服	防冻伤
C07	防寒手套	防冻伤
C08	防寒鞋	防冻伤
C09	防静电服	防止积聚静电
C10	等电位工作服	带电作业时防止触电
C11	绝缘手套	带电作业时防止触电
C12	绝缘鞋	带电作业时防止触电
C13	防静电鞋	防止积聚静电
C14	防化学液眼镜	防止化学液伤目
C15	防毒口罩	防止吸入一般性毒气
C16	有相应滤毒罐的防毒面罩	防止吸入毒气，防止毒液沾染
C17	供应空气的呼吸保护器	防止吸入毒气或强烈毒性粉尘，防止缺氧
C18	防尘口罩	防止吸入一般性粉尘
C19	防毒物渗透工作服	防止毒物渗透伤害
C20	防毒物渗透手套	防止毒物渗透伤害
C21	防酸（碱）服	防止酸（碱）腐蚀

续表

编号	护品品类	适用条件
C22	耐酸（碱）手套	防止酸（碱）伤手
C23	耐酸（碱）鞋	防止酸（碱）伤脚
C24	相应的皮肤保护剂	防止腐蚀性化学物质沾染伤害或防止辐射伤害
C25	塞栓式耳塞	防止噪声伤害
C26	耳罩	防止噪声伤害，不适宜戴耳塞时用之
C27	防强光、紫外线、红外线护目镜或面罩	防强光伤目
C28	防激光护目镜	防止激光伤害
C29	防微波护目镜	防止微波伤害
C30	荧光屏作业护目镜	防止长时间注视荧光屏产生的视觉疲劳和视力伤害
C31	防射线护目镜	防止射线伤害
C32	屏蔽服	防止微波伤害
C33	防射线服	防止射线伤害
C34	护发帽	防止头发被机器绞缠，防止头发被污染
C35	安全帽	防止物体碰击头部
C36	安全带	防止坠落
C37	防异物伤害护目镜	防止飞溅物、碎屑、灰沙伤目
C38	减振手套	防止振动伤害
C39	减振鞋	防止振动伤害
C40	防滑工作服	防止滑倒，便于登高或在油渍、钢板、冰上等滑溜地面上行走
C41	防割伤手套	防止锋利刀刃割伤
C42	防冲击安全头盔	防止头部遭受猛烈撞击，高速车辆驾驶者用之
C43	防滑手套	防止手搬取物体发生滑动

续表

编号	护品品类	适用条件
C44	防砸安全鞋	防止砸伤脚趾，便于搬运、冶金、矿山、建筑及隧道工程等作业
C45	防刺穿鞋	防止尖刺扎穿鞋底，便于森林建筑作业
C46	防水工作服（包括防水鞋）	便于雨中、水淋处作业
C47	水上作业服	防止落水沉溺，便于救助
C48	救生衣（圈）	防止落水沉溺，便于救助
C49	潜水服	便于潜水作业
C50	一般性的工作服	
C51	其他零星护品如披肩帽、鞋罩、围裙、袖套等	

4.1　同一作业要求护品具有多种防护功能时，该护品应具有复合性防护功能。

5　选用规定

6　根据需防范可能接触的危险，将作业类别与护品使用限制作出配伍，见表3。

表3

作业类别编号	不可使用的品类	必须使用的护品　可考虑使用的护品
A01	B01 B02 B03	C03 C09 C13
A02	B01 B03	C03 C15C09 C13
A03	B01 B02	C01 C04 C27 C35 C02 C51
A04	B03	C06 C07 C08 C05 C40
A05		C11 C12C35 C37
A06		C11 C12 C35 C10 C37
A07		C15 C16 C17

续表

作业类别编号	不可使用的品类	必须使用的护品　可考虑使用的护品
A08		C15（或 C18）C34 C14 C16 C17 C19 C20
A09		C14 C15 C19 C20 C34 C16 C17 C24
A10		C15 C19 C20 C34 C37 C16 C24
A11		C14 C15 C21 C22 C23 C34 C17
A12		C18 C34 C50 C51C24
A13		C50C17 C24 C34
A14		C17
A15		C25 C26
A16		C27
A17		C28
A18		C30
A19		C29 C32
A20		C31 C33
A21	B03	C35 C36 C40
A22		C35 C44
A23		C37 C50
A24	B04	C34 C37 C50
A25	B03	C43 C35 C40 C44
A26		C50 C41 C44 C45
A27		C45
A28		C33
A29		C39
A30		C46 C05 C06 C07 C08 C37 C40
A31		C40 C48 C36 C47
A32		C46
A33		C49

续表

作业类别编号	不可使用的品类	必须使用的护品　可考虑使用的护品
A34		C35 C18 C25 C38 C44 C46
A35		C50 C27 C37 C42
A36		C50 C18 C27 C37 C46
A37		C50
A38		C50

6　判废规定

6.1　判废条件符合下述条件之一者，即予判废。

6.1.1　不符合国家标准或专业标准

6.1.2　未达到上级劳动保护监察机构根据有关标准和规程所规定的功能指标。

6.1.3　在使用或保管贮存期内遭到损坏、或超过有效使用期，经检验未达到原规定的有效防护功能最低指标。

6.2　判废程序

6.2　企业内的安全技术机构每年定期或不定期对企业内的劳动防护用品进行抽查与检查，需要技术鉴定的送国家授权的劳动防护用品检验站检验。

6.2.2　作出判废处理决定。

6.3　判废后的劳动防护用品，禁止作为劳动防护用品使用。

附录 2

劳动防护用品使用期限的确定

（参考件）

1　作出确定的依据

1.1　磨蚀类别

按作业条件对劳动防护用品的摩擦、腐蚀、损坏能力分类，见表 1。

表 1

编号	磨蚀类别	典型作业条件或注释
D01	重磨蚀	频繁接触粗糙物品、频繁磨蹭、频繁干湿、重体力作业（人工搬运）、地下掘挖、高温、酸碱、化学腐蚀、钻探、易污、野外、土木工程、建筑安装、森林采伐等作业
D02	中磨蚀	操纵、装修机械设备、包装、一般性材料加工、非粗糙物的较频繁的接触等作业
D03	轻磨蚀	仪表监测、精密加工及其装备与维修、有固定工作台和座位的流水线作业

1.2　受损耗情况

按劳动防护用品接受磨蚀、损耗的频度，并使其有效防护功能受损的难易程度分类，见表 2。

1.3　耐磨蚀能力

按劳动防护用品所用材料本身的耐用性能分类，见表 3。

表 2

编号	受损耗情况	举例	备注
E01	易受损耗	手套、口罩类	经常处于满负荷工作状态，直接受磨蚀的频度较高
E02	中等受损耗	工作服、鞋类	工作负荷常不饱满，直接受磨蚀的频度不高
E03	强制性报废	安全帽、防护镜、面罩、呼吸器（不包括过滤器）	正常工作时一般不容易损耗，但按有效防护功能最低指标和有效使用期的要求，届时须强制报废

表 3

编号	耐磨蚀能力	典型条件	举例
F01	耐用	耐撕、耐磨、耐腐蚀、不易老化	高强度化纤如芳纶、含氟纤维、酚醛纤维、涤卡、毛呢料、皮革、帆布制品
F02	中等耐用	比上述性能较差者	中等强度化纤如尼龙、的确良、维尼纶、劳动呢、纱卡、聚氯乙烯等制品
F03	不耐用	织物强度低、结构松散、易碎、经洗涤使用强度降低速率较大	聚氯乙烯薄膜、棉纱、纸类制品

2　使用期限，见表 4。

表 4

编号	受损耗情况	磨蚀类别	耐磨蚀能力	使用期限（月）
G01		D01		
G02	E01	D02	F01 F02 F03	0.5～3
G03		D03		
G04		D01	F01	18～24
G05		D02	F01	24～36
G06		D03	F01	36～48
G07		D01	F02	12～18
G08	E02	D02	F02	18～24
G09		D03	F02	24～36
G10		D01	F03	6～9
G11		D02	F03	9～12
G12		D03	F03	12～24
G13		D01	F01	24～36
G14		D02	F01	36～48
G15		D03	F01	48～60
G16		D01	F02	18～24
G17	E03	D02	F02	24～36
G18		D03	F02	36～48
G19		D01	F03	12～18
G20		D02	F03	18～24
G21		D03	F03	24～36